极易懂的供应链管理日记

供应链管理的智慧
从最基本的问题谈起

刘耀军 著

山东城市出版传媒集团·济南出版社

图书在版编目（CIP）数据

极易懂的供应链管理日记 / 刘耀军著. -- 济南：济南出版社，2023.9
ISBN 978-7-5488-5855-3

Ⅰ.①极… Ⅱ.①刘… Ⅲ.①供应链管理 Ⅳ.
① F252.1

中国国家版本馆 CIP 数据核字 (2023) 第 166011 号

极易懂的供应链管理日记
JI YI DONG DE GONGYINGLIAN GUANLI RIJI

刘耀军　著

出 版 人	田俊林
责任编辑	李　敏　张冰心　孙梦岩
装帧设计	胡大伟
出版发行	济南出版社
地　　址	济南市市中区二环南路1号（250002）
总 编 室	（0531）86131715
印　　刷	济南乾丰云印刷科技有限公司
版　　次	2023年9月第1版
印　　次	2023年9月第1次印刷
成品尺寸	145 mm×210 mm　　32开
印　　张	9.5
字　　数	187千
定　　价	49.00元

（如有印装质量问题，请与出版社出版部联系调换，联系电话：0531-86131716）

前　言

  我在供应链领域工作超过 20 个年头，从一名对供应链行业毫无认知的"小白"，成长为现在的资深供应链管理人员，其间也见证了我国从引入国外供应链管理理论、技术到对外输出供应链管理经验的整个过程。20 年前的中国，社会上对于物流、配送是没有概念的，对于供应链更是不知所云。由于当时的绝大多数企业中只有生产、运输、仓储等分工，当供应链、物流的概念在 21 世纪初通过跨国企业传入中国时，绝大部分从业人员其实都是从生产工人、运输司机、仓库人员转岗过来的，职业素质和能力普遍跟不上要求。随后，为了改变这种状况，外企率先通过学校招聘供应链管培生，从企业发展需求的角度来培养供应链管理人员。随着国内企业管理水平的提升，这种企业教育的效果慢慢体现出来。目前各行各业的供应链高管大部分都是来自当年 500 强企业的供应链管培生。而随着制造业不断发展，商业模式不断进化，各大高校、行业协会也陆续参与供应链的教育培训，因此从事供应链管理工作的人员素质不断提升，企业对供应链管理岗位的要求也越来越高。

  由于供应链涉及的范畴和领域特别广，大到国家战略、全球布局，小到需求预测、配送服务，所以相关的研究很多，从宏观理论到实际操作都非常丰富。针对任何一个供应链的问题，我们都能很快搜索到大量解决方案或现实案例。对于供应链管理者而言，获取供应链的相关知识不再是一件难事。但根据我个人成长的经历，以及培养过数百位下属和管培生的经验，供应链管理的日常工作不仅需要知识，而且需要良好的心态、正确的思路、严谨的逻辑、开阔的眼界等，而这些都是需要时间去实践甚至犯错才能积累下来的。例如，毕业生应该如何选择适合自己的供应链工作岗位？中层干部日常面对其他职能部门的挑战和要求，该如何应对？公司高管在制定供应链策略和方向时，该如何开展工作？凡此种种，目前很少有图书给出相关应对方法。

为此，我开始收集我在日常工作中面对的实际问题及解决方法，通过比较轻松的对话的形式呈现出来，并结集成书。大家可以通过阅读这本"管理日记"，了解供应链领域不同层级的从业者的真问题、真困惑和真办法。希望通过此书，能向刚入职场的"小白"、有一定经验的骨干，甚至是能独当一面的高管，给出一些我个人的心得和建议，从而对大家有所帮助。

刘耀军于广州桥中
2023 年 7 月 15 日

目录

入门必修

- 002 供应链究竟有什么职能
- 004 职场诡辩：三段式推论
- 006 换赛道不一定要换能力
- 008 如果通缩来了，怎么办
- 010 企业里也有三大产业
- 012 "Z世代"真的很特别吗
- 014 除了脑力劳动和体力劳动，还有认知劳动
- 016 为什么上司这么闲
- 018 领导很烦
- 020 无解的bug：共识
- 022 野蛮生长还是精心培养
- 024 "简洁"表达可能是场景思考的缺失
- 026 企业不是家，别想多了
- 028 我们究竟需要多理性
- 030 职业发展靠长期主义还是机会主义
- 032 坚持重要还是选择重要
- 034 为什么不能长期居家办公
- 036 流程重要还是结果重要
- 038 PPT究竟是用来干吗的
- 040 期待MBA教育重回正轨
- 042 如果上司不能让你进步，请把他（她）换掉

044　让别人接受自己的意见前，我们准备好了吗

046　说话的艺术

048　没有结果，疲劳和苦劳不值一提

050　尽人事，还得听天命

052　新生代初入职场的关键：与同事处好关系

054　知白守黑，知荣守辱

056　Work-life balance 是工作态度，不是工作标准

058　进入心流 VS 跳出舒适圈

060　投资领导还是投资自己

062　"摩擦性失业"与"摩擦性摸鱼"

064　职场有"渣男"

066　无解 bug 一样存在的"万一"

068　做中介还是价值创造者

070　如何识别公司是想培养你还是想压榨你

072　选平台重要还是跟对老板重要

074　一路走来，只有师友还是都是敌人

076　为什么上班还要打卡

078　基层比努力，中层拼实力，高层靠意志力

专业锻炼

082　产品工业标准化：下一个巨大的商业机会

085　创造信息不对称赚快钱，解决信息不对称赚大钱

087　给面子的核心逻辑是合作共赢

089　消费者投诉是一粒尘还是一座山

091　物流成本测算的尴尬

093　产业布局要重视本地化、区域化

目 录

- 095　内部企业机制解决的是运营效率问题，而不是要代替企业本身
- 097　笑与刀
- 099　"牛鞭效应"和精益管理
- 101　OEM 还是自产
- 103　成本中心为什么要转变成利润中心
- 105　流程设立的目的是保障公司利益而不是个人利益
- 107　"一把手工程"的核心就是打破"部门墙"
- 109　创新就一定要补贴和激励吗
- 111　预算要"活用"而不能"死磕"
- 113　供应链管理实质是"三流合一"：资金流、产品流、信息流
- 115　向小企业学习治不了大企业病
- 117　我们需要的是工匠还是工匠精神
- 119　平台大促的"退烧"也是社会的"帕累托改进"
- 121　用互联网思维管理工厂
- 123　正和博弈
- 125　攀比效应和虚荣效应
- 127　互联网时代为什么还需要中间商
- 129　供应链工作的核心就是计划
- 131　为什么电商 9.9 元就能包邮
- 133　产销协同的悖论
- 136　厂商、渠道必将统一在 C 端
- 138　智能质量是智能制造的关键
- 140　如何体现计划的价值
- 142　线性的产品开发很难出爆品
- 144　ChatGPT 的恐怖之处是 Chat
- 146　正向设计才是企业产品研发的未来

- 148 质量管理要有投资回报率观念、端到端思维
- 150 距离集采的爆发可能就差了一个区块链
- 152 供应商也要"门当户对"
- 154 供应商管理的核心是借力

团队建设

- 158 市场化才能真正留下有用之才
- 160 灵活用工才是员工最大的权利
- 162 用 KPI 还是用 OKR
- 164 我们该给谁加薪
- 166 数字化时代的管理真的不一样吗
- 168 送走优秀的同事，才能吸引更优秀的人才
- 170 感动人心的只能是人心
- 172 老板的能力不能成就基业长青，胸怀才能
- 174 如何调和管理团队中的"代沟"
- 176 不耗散也能破熵增
- 178 整顿职场是对观念落后的管理者的反抗
- 180 管培生是 VUCA 时代的标配
- 182 白兔、黄牛和老虎
- 185 打造职业发展的"第二曲线"
- 187 职业经理人也需要饮水思源
- 189 互联网时代，最早消失的岗位是什么
- 191 不会吆喝的人才不是好人才
- 193 领导力是双向作用力
- 195 谁该为核心员工的离职负责
- 197 使命感和价值观是激发员工潜力的最有效工具

目 录

199　PDCA 是对优秀的管理人员的核心要求

201　互信才能留住人才

203　看人之短，天下无可用之人

205　"红本子" VS "黑本子"

207　不要让领导成为组织能力的天花板

209　人员招聘是一种"输入性通货膨胀"

212　名校学历真的很重要吗

214　人才战略的落地需要合适的土壤

216　必须让管理者成为园丁

218　组织部、人事部、人资部

220　即时激励还是长期主义

222　"35 岁现象"能持续多久

224　找工作和投资股票

226　MT 优选海归是有道理的

228　不要错过"中层危机"，因为这是你在职场脱颖而出的最好机会

230　中高层管理岗需要专业吗

232　高管更应该末位淘汰？

策略选择

236　供应链的窘境

238　投资供应链就是投资"护城河"

240　企业物流数字化的重心在于对企业运营的解码

242　降成本最有效的方法是提升大单品销售

244　数字化是天使还是魔鬼

246　库存策略为什么这么难定

5

248　两害相较取其轻才是管理者的最大善意

250　产品架构的选择：一体化和模块化

252　用买保险的思维来投资供应链

254　柔性供应链的核心在于通用性

256　短期用户第一，长期产品第一

258　"长尾产品"怎么选

260　产品成本策略是由场景决定的，不是由定价倒逼的

262　低成本供应链策略可以续命，但不能回血

264　供应商选择的悖论：做"薅羊毛党"还是百年老店

266　成本和服务水平怎么选

268　数字化的下半场已经开始了

270　信息化、数字化、智能化

272　路径依赖是实现数字化制造的最大障碍

274　绿色供应链也可以很赚钱

276　数据到底值多少钱

278　明明外包更便宜，为什么还要自产呢

280　产能严重过剩的供应链供不上货

282　EHS 是现代企业的必需品

284　"奥卡姆剃刀"

286　数字化采购的核心是改变认知

288　现代工厂：必须从体力劳动场所进化到智力劳动空间

290　QCDF 是企业的深层竞争力

292　后记

入门必修

供应链的工作很累吗?供应链的工作有发展前途吗?看不惯领导怎么办?该如何与同事相处?PPT不会做怎么办?不想聊天可以吗?上班不打卡不行吗?刚入行的小宝有很多疑问。

供应链究竟有什么职能

小宝在供应链岗位上工作有一段时间了,他在完成日常工作之余,开始对行业内其他公司供应链如何运作感到好奇。加上最近有不少猎头也在极力推荐小宝去应聘其他公司,于是小宝偷偷去参加了好几个企业的面试。不去还好,参加了几家公司的供应链岗位面试后,小宝反而有点不知所措了。原来供应链在不同的公司代表的职能竟然大不相同。

小宝:老板,你是不是一直干供应链这个方向?

大宝:是啊!我虽然在好几家公司工作过,但都是在供应链大部门内任职。

小宝:这些公司的供应链部门设置都一样吗?

大宝:不一样。不同企业对供应链的理解都不一样,行业内也没有形成共识。

小宝:怪不得,我就说为啥我们同行几家公司的供应链设置都不同,原来没有统一标准。

大宝:你怎么这么清楚?

小宝:……

供应链作为一个职能出现在中国,大概只有二十年左右的时间，比起销售、市场、采购、运输、仓储、生产、人事、财务等让大家"秒懂"的职能，的确更复杂些。简单概括来说，供应链的发展有三个阶段。

1. 计划型供应链。最早的供应链其实是指信息流的整合，通过计划职能，以市场需求为龙头，将采购、生产、运输、仓储、配送等环节的信息统筹起来，以求最优的解决方案，所以其主要职能就是计划。

2. 运营供应链。随着市场需求变化的不断加快，对各个模块职能之间协同合作的要求越来越高，根据原来计划分工实现合作已经很难赢得市场。而且随着自动化、系统化、数字化的发展，一体化、实时智能的供应链已经成为可能。这时候供应链就要将信息流和实物流整合在一起，在计划的基础上，将与实物流强相关的采购、生产、物流纳入其中。

3. 端到端供应链。由于市场竞争日趋激烈，绝大部分企业的供应链要想获得竞争优势，必须突破企业本身的限制，外延其影响力，通过上下游联动、产业生态圈建立、线上线下渠道融合，将信息流、实物流、资金流进行"三流合一"管理，实现效益最大化。所谓"端到端"的两端，都在企业范围以外。

由于市场是复杂的，不同公司在不同行业和不同发展阶段，可能对供应链会有不同的理解，所以供应链组织架构的设计在不同公司或同一个公司的不同发展阶段会有所不同。同一个供应链的VP（高层副级职位）可能有三种不同的岗位描述，大家通过供应链主管的JD（岗位描述）就可以大体了解一家企业的发展水平了。

极易懂的供应链管理日记

职场诡辩：三段式推论

小宝刚刚和销售部门开完会，大家围绕销售业绩的问题爆发了激烈的争吵。小宝希望销售人员必须完成承诺过的销售目标，因为计划已经按销售目标下了采购订单，生产部门在开足马力全面生产。然而，销售的实际情况远远低于预期，小宝面对日益增加的库存感到非常担心。对此，销售部门却表示，市场环境突变，完全超出预期，业务部门竭尽全力保住现在的业绩已经很不错了，剩余的库存请供应链自己想办法解决吧！小宝愤愤不平，急匆匆地找到大宝，准备向大老板申诉。

小宝：老板，销售部门太不讲理了，明明完不成业绩，竟然还觉得自己做得很棒！

大宝：怎么说？

小宝：他们觉得销售业绩本来应该下跌30%，现在只下跌了20%，所以他们是成功的。

大宝：你觉得有道理吗？

小宝：我觉得他们在狡辩，但他们的说法好像又有点道理，我实在说不过他们，憋屈。怎么办？

大宝：嗯，你学过逻辑学吗？

小宝：……

职场中免不了会发生争论，尤其是在业务目标完成得不太好，大家一起复盘的时候，为了逃避责任，当事人通常都会放一大招。其描述通常采用"三段式"：结果本来应该很差（大前提），而实际的结果没有那么差（小前提），所以我们做得很好（推论）。学过逻辑学的同学可以轻而易举地分辨出其逻辑的漏洞，通过挑战其大前提，即可戳穿其推论的谬误。但一般情况下大家都会觉得难以反驳，往往陷入思考"如何证明他的努力（推论）是不对的"的困局，从而不得其解，所以通常的回应有以下两种。

1. 如果不是你，可能结果更好。这种回应纯粹是抬杠，以虚打虚，以"无赖"对"无赖"。

2. 你的工作就是完成指标，没有完成就是失败，不接受解释。这是居高临下的姿态，以结果为导向。

以上两种回应对于问题的解决毫无帮助。要想真正解决问题，必须遵循以下三个原则。

1. 不要以追究责任为目标（不要对立）。

2. 找根因（5W，也就是五个"为什么"），针对过程找问题（从过程出发，而不是结果）。

3. 回到出发点，全面审视当初的预设条件是否合理、合适（找到正确的大前提）。

职场不易，更需同心协力！

极易懂的供应链管理日记

换赛道不一定要换能力

小宝最近迷上了董老师（董宇辉），每天都在刷直播，既可以购物，也能听听董老师的小作文和英文课。小宝非常佩服俞老师（俞敏洪）、董老师能从已是红海的直播赛道杀出一条血路。联想到公司正在寻找第二增长曲线，小宝觉得公司也可以搞双语直播带货，很兴奋，赶紧找大宝商量。

小宝：老板，我帮公司找到第二增长曲线了。

大宝：厉害！说说看？

小宝：双语直播带货！

大宝：啊？我们有什么优势？

小宝：我们很多同事都是名校"海归"，英语不比董老师差。

大宝：你觉得董老师是卖货还是卖课？

小宝：……

董老师们的逆袭，很多人觉得是因为他们选对赛道了，选择了正是大火的直播带货，加上另辟蹊径的双语直播方式，才能红火起来。但其实大家根本不是为了买5块钱一根的玉米或者《明朝那些事儿》而进入直播间的，而是冲着董老师的微课和有趣的谈吐来的。买货纯粹就是观众的一种"打赏"和课费罢了。以前一节英文大网课，一个人起码要100—200元，现在不要钱，大家买点东西作为补偿，估计很乐意吧！

很明显，董老师们成功的核心优势还是在于教学，观众们欣赏的绝对不是货物，而是"课程内容"。换了赛道，但核心优势不必重建，在新赛道上依然强大，甚至形成降维打击。

现在的企业一旦遇到逆境，就天天强调转型，打造第二增长曲线，建立新的核心竞争力，却没有认真研究自己过去的法宝能否在新赛道、新场景下实现二次开发。毕竟，从0到1远比从1到10来得更困难。

希望更多的董老师出现在各行各业！

如果通缩来了，怎么办

小宝觉得最近花钱的速度越来越快，以前月初发工资后到月底还能剩下一两千块，但现在好像基本上都"月光"了。小宝仔细看了看账单，发现汽油、食品的花费越来越高，小宝不禁发起愁来，通胀（通货膨胀）好像越来越厉害，而自己的工资却没怎么增加，以后还怎么买房子呢？

小宝：老板，现在通胀好厉害，我终于成为"月光族"了。

大宝：是啊，现在猪肉价格又涨起来了！

小宝：老板，弱弱地问一句，我们什么时候能涨点工资？我还想买房子呢。

大宝：现在的业绩你也看到了，外面的市场很不好，你觉得呢？

小宝：……

经济形势不好，尤其是叠加通货膨胀，出现通缩的时候，大家会觉得非常难受。因为通胀只是水涨船高，但通缩直接就是"双杀"（double kill），物价越来越高，而收入不但不增加还可能缩水。当通缩来到的时候，作为打工仔的我们唯一的办法就是尽自己最大的能力找到最稳固的平台，然后抱团死守，尽可能挨过严冬。

这也是国考越来越热的原因。

如果不幸从船上落水,就要及时降低自己的期望值,降维竞争才是上策。

经济形势不明朗时,没有人可以独善其身,千万别认为自己会是例外。

企业里也有三大产业

又到了年中调薪的时候，小宝由于工作表现出色，享受了特殊调整机会，薪酬大涨了10%。可是看着营销、市场部门的部分优秀同事也得到了调薪，小宝有点高兴不起来。虽然大家都是涨了10%，但由于小宝的基本工资比别人少，同样的调整幅度下，其实薪酬的差距越来越大。小宝觉得挺不公平的。

小宝：老板，我想调职。

大宝：啊，为什么？

小宝：我觉得我做供应链没什么前途。

大宝：不会啊，你不是做得挺好吗？刚刚享受了"特调"。

小宝：但是市场、营销的薪酬更高啊！

大宝：你还年轻，要看未来。

小宝：……

如果企业的分工也能按照第一、二、三产业进行划分，那么财税法、人力资源是第一产业（提供基础支持的农业），研发、供应链是第二产业（制造产品的工业），营销、市场是第三产业（连接顾客需求的服务业）。按照目前社会发展的状况，第三产业的GDP（国内生产总值）占比最高，第二产业次之，第一产业最低。这个比例其实同样反映在企业组织内部，大多数企业的预算在市场、营销投入最多，其次是产品，最后是企业基建。预算就是指挥棒，哪里投入多，哪里就重要，从业人员的待遇也会相应地变高。

但这种情况会一直持续下去吗？显然不会，如果从经济发展规律来看，农业、工业都曾各领风骚数十年，现在服务业的占比提升，只不过是因为在目前的经济发展阶段生产要素在服务业的边际产出比在农业、工业更高。随着生产要素在服务业的边际产出逐步递减，生产要素在三大产业中必然会重新分配。

在企业里也是一样。目前市场、营销的产出效率比产品制造、企业基建更高，所以生产要素必然向其倾斜。但随着数字化的发展，顾客的连接成本越来越高，而顾客需求在不断进化——从对性价比的追求到对品牌的选择，再到个性化的满足。这些变化必然导致对产品制造的要求更高，从而导致企业的生产要素在三部门间重新分配。

风水必然是轮流转的。

"Z 世代"真的很特别吗

小宝晋升职能主管后,公司马上安排小宝去上团队管理的课程。这个课程是针对如何管理"90后"而设计的,小宝有些纳闷,自己就是"90后",去学习如何管理"90后",不就是学习如何管理自己吗?小宝很好奇这门课会怎么上,于是怀着期待走进了教室。

小宝:老板,我上了一节如何管理"90后"的课。

大宝:不错吧?看到对自己的剖析,感觉如何?

小宝:真心觉得管理"90后"很不容易,他们很特别,尤其是"95后"的"Z世代"。

大宝:如何特别?

小宝:他们敏感、自我、自信、注重颜值……

大宝:其实我也是这样的,你不觉得吗?

小宝:……

这两年网络上一直在热炒"Z世代"(网络流行语,通常是指1995至2009年出生的一代人)如何特立独行,如何难以管理,如何需要用颠覆性的管理理念和技巧才能更好地实施管理,所以一系列相关的课程、培训、图书纷纷上市。这俨然成为团队管理的热门课题。其实静下心来仔细思量，"Z世代"表现出来的与众不同，表面上的确与过往我们的感知很不一样，但实际上当年我们的父辈对于二十出头的我们穿破洞牛仔裤、留长发、整晚猫在投影室，不一样看不顺眼，觉得难以管理吗？所以，"Z世代"和前一代人的区别与父辈和我们的区别，并无二致。

其实"Z世代"与其他人群最大的不同是世界观、人生观和价值观的不同。这是由经济、社会、文化环境的不同造成的，经济更加富足、社会更加文明、文化更加自信让这代人的认知和眼界都比以往有了很大提升。

如果我们不能明白"Z世代"是如何看待自身、如何看待社会、如何看待世界的，就无法理解其行为表现，自然也无法培养、管理好他们。

当然，"Z世代"也要学会尊重长辈的"三观"，才能真正走向成熟。

从这个角度看，"Z世代"没什么特别的，和大家一样，都是历史和社会发展中的一代人而已。

我们与"Z世代"相互尊重，待之以平常心即可。

除了脑力劳动和体力劳动，还有认知劳动

小宝是一个很受同事欢迎的员工，因为他乐于助人，大家有问题的时候都喜欢找小宝咨询和解答。但是这些问题通常和工作没有太直接的关系，比如打印机的使用技巧、MacBook（苹果笔记本电脑）的最新操作技巧、团建去什么地方玩、最近"小红书"流行什么等。大家都觉得小宝是个热心的"万事通"，所以一有问题第一时间就想起小宝。开始的时候，小宝非常乐意帮助大家，但是时间长了，小宝有点厌烦，感觉大家都把自己当成"114"和"黄页"，也对自己的正常工作产生了影响。

小宝：老板，最近我觉得很烦。

大宝：烦什么？

小宝：很多项目和您交代的工作我都没有完成，还要帮很多同事解决一些"杂事"，好烦啊！

大宝：大家都找你，证明你人缘好、能力强……

小宝：可是我忙不过来啊，这些工作能算加班吗？

大宝：不管算不算，反正是没有加班费。

小宝：……

企业里的劳动分工通常包括脑力劳动和体力劳动，基本上就是"白领"和"蓝领"的区别（当然，现在很多"蓝领"也是以动脑为主）。无论是岗位设置、职能划分，还是组织结构，都是这样设计的。但是在实际的工作中，有很多工作并不直接与岗位挂钩但又是必需的。比如前文提到的打印机使用技巧、电脑操作、团建安排、下午茶购买、生日会举办等，这是必须要做但又算不上正式工作安排的"杂项"。这些"杂项"其实也是要有技术和经验积累才能干好的，我们可以将其定义为"认知劳动"。就像我们去旅游时负责提供攻略的人、去吃饭时负责点餐的人一样，他们付出的就是认知劳动。

这些认知劳动往往对我们正常的脑力或体力工作的效率提升有极大的帮助，但是又不太为组织所认可。期待未来有更多的研究能正视认知劳动、认可认知劳动，提升我们整体劳动的效率和公平。

为什么上司这么闲

大宝最近报名参加了好几门课程，想在旺季来临前好好进修一下，给自己充充电。虽然受疫情影响，课程都是在线上进行，但老师很棒，大宝学得不亦乐乎。趁着在学习劲头上，大宝惦记着小宝也应该补补课，就马上按照授课老师的推荐买了好几本书送给小宝，心想：自己这个老板够意思了吧？但小宝看着这厚厚的六七本教材时，头都大了。

小宝：老板，我好几年不读书了……
大宝：对啊，所以你才需要进修了。
小宝：老板，你布置给我的工作很多，我忙不过来。
大宝：再忙也要学习啊！
小宝：要不，老板，你给我的工作减减负？反正你这么闲。
大宝：……

职场最大的现实就是上下级互不待见对方。上级通常觉得下级不够努力，应该多学多做，随时随地都要充电，努力成为知识海洋里的一块海绵，而不是老是被动工作；下级也觉得上级不够努力，应该躬身入局，撸起袖子参与实际工作，而不是只会指手画脚。

其实，这是上下级认知上的错位。

好上级的本分就是做好教练，培养人才，指导方向；好下级的本分就是要踏实主动，执行力强。

好上级要重思考，轻干预；好下级要主动干，踏实干。

如果上级没空思考，如何能制定策略方向？如果下级不干实务，如何能实现策略目标？

很多时候，每个人都同时担任上下级的角色，成功必然属于工作中能无缝切换角色的人。

领导很烦

小宝在帮大宝准备一个研讨会的方案,这是一个月前就确定时间的会议。由于会议非常重要,小宝一接到任务就和大宝进行了沟通,定方向、定基调,组织素材,花了整整一个月的时间,按照大宝的要求精心准备好计划书,满怀信心地走进大宝的办公室向大宝讲解。可想不到的是,大宝好像忘记了一个月前自己亲口提的要求,不断地从方向、基调、安排等方面给出意见,这些意见完全打乱了小宝的思路和准备。小宝实在不爽,忍不住吐槽。

小宝:老板,您的建议真的挺有创新性,但能不能在一开始就让我知道啊?

大宝:啊,我也是刚刚想到的。

小宝:我们整个小组花了一个月的时间才做出这个方案,现在如果按照您的建议修改,估计在下个月的最后期限前完不成。

大宝:这样啊,那你们看着办,我只是给出意见,你们决定吧。

小宝:……

很多人都会在工作中遇到这样的问题：老板总是在变，到最后一刻都在纠结，总是让你觉得自己的工作不完美、不称心。无论他之前说得多么肯定，最后都会将最初的计划改得面目全非。为什么会这样呢？我觉得无外乎以下几点。

1. 领导真的忘记之前自己的交代了。（判断：提醒领导后，领导会真诚地反思甚至道歉。）

2. 在推进过程中领导收到了更多信息，导致不断对最初的计划做出调整。（判断：领导会告知原委，分享更多信息。）

3. 领导故意为之，通过贬低方案、变换考虑角度来凸显自己水平更高。（判断：只会讲大道理，不断强调正确的废话，擅长诡辩，没有实质性的建议和举例。）

前两种领导，对于下属而言，最好的应对方法就是及时、规律地汇报、沟通，每个阶段都要做 go or not go（做还是不做）的决定并记录下来，这种沟通绝对不是一般意义上的"早请示晚汇报""溜须拍马"，而是确保上下级之间的信息同频共振，能及时纠偏（对于双方都是）。

而如果遇到的是第三类领导，还是赶紧离开吧！

极易懂的供应链管理日记

无解的 bug：共识

小宝接到一个产品开发的项目，产品开发涉及研发、市场、销售、生产、采购、质量、物流等一系列职能部门。小宝觉得压力很大，第一时间召集各路"神仙"碰头，商量如何开展工作。小宝连续开了好几场会议，工作毫无进展。从开始的兴致勃勃到耳红面赤，再到茫然失措，小宝觉得自己掉到"坑"里了！

小宝：老板，我不想再做产品开发的项目了。

大宝：为啥？这是一个很好的锻炼机会。

小宝：我实在搞不定各路"神仙"。

大宝：怎么说？

小宝：研发要推自己的技术成果，市场要看调研结果，销售只关注渠道认可，生产能力不能超负荷，采购有成本要求，质量不能有问题，物流要均衡出货……

大宝：嗯，这些都是必须解决的问题啊！

小宝：哪有产品能满足全部条件！

大宝：应该没有，只要大家有共识就好。

小宝：……

所谓"共识"，一方面，这是集体决定、集体认同、集体智慧，体现个人服从集体的牺牲精神，而且"三个臭皮匠顶个诸葛亮"，效果可能更好；另一方面，怕损个人面子，更怕个人承担责任，用共识逃避决策，"法不责众"，自然可以一身轻，但往往以妥协为代价，浪费时间和精力。

共识可能会导致公司出现浑水摸鱼、滥竽充数的现象，其实这个道理没人不懂，但就是因为这对个人而言是有百利而无一害的，久而久之，大家自然就形成了默契。

要打破"共识"，其实也很简单。只要调整公司的分配机制，从奖励集体转向奖励个人，鼓励个人承担责任、拥有权力、享受待遇。

当然，反对的声音马上就来了：必须反对个人主义，必须团结集体，必须集体优先。

所以，bug 依然是 bug，无解！（bug 原指计算机的错误、问题，后常用来泛指事物的缺陷、漏洞）

野蛮生长还是精心培养

小宝来公司已经好几年了。作为公司的管培生,小宝进公司后得到了很好的训练和提升,经过按部就班的培训计划,顺利成长为公司的主管。小宝一直以来工作都很顺利,但是最近却陷入了迷茫和焦虑。随着小宝的晋升,其管培生的计划也就正式结束了,小宝好像一下子找不到方向了,不知道以后自己该如何发展。

小宝:老板,我从管培生计划正式毕业了,谢谢老板的栽培。

大宝:不用谢我,你应该感谢公司的栽培。

小宝:是的,不知道公司后面还有什么培训计划。

大宝:你都毕业了,还想参加什么计划?

小宝:没有计划,我心里不踏实,不知道后面怎么办。

大宝:凉拌。

小宝:……

刚进入职场的"小宝"们通常有两种际遇:第一种是进到大企业接受完整的培训生计划,通常为期1—3年,通过一步步完成公司精心设计的课程培训,一次次通过严谨客观的选拔考试，成长为主管或经理；第二种就是进到规模较小、体系不太完备的企业，通过摸爬滚打、野蛮生长，最后凭业绩杀出一条血路，晋升为主管或经理，过程有快有慢。

大多数"小宝"都希望得到第一种机会，毕竟这和校园的氛围更接近，更利于自己快速掌握技能和知识。但是第一种计划也有其问题：未来方向太确定了，只要跟着计划走，按照公司的要求，加上自己的努力，就会长成公司希望你长成的样子，所以相对来说反脆弱能力比不上野蛮生长的"小宝"们。

但是第二种情况下的"小宝"也有其缺点：基础不牢，没有经历成体系的培训，都是靠不断实践和尝试；没有理论的指引，容易跑偏，事倍功半。

喜欢做高管的，要选精心培养；希望做老板的，必选野蛮生长。

极易懂的供应链管理日记

"简洁"表达可能是场景思考的缺失

小宝最近参加了公司内部举办的创新大赛,经过几个月的学习和打磨,小宝顺利闯进了决赛。最后的比赛环节是答辩,小宝做好了准备,信心满满。答辩开始了,对于评委的问题,小宝简单明了地给予了回答,所以这个环节很快就结束了。小宝觉得自己的回答言简意赅,评委应该挺欣赏的,但接下来其他选手的表现让小宝隐隐觉得不妙。其他选手都是充分阐述、充分表达,从各个维度回答评委的问题,仿佛每个问题都要充分论证一番,而且利用回答问题的机会充分展示自己。相比之下,自己的回答虽然直截了当,但是显得浅薄了。为此,小宝挺郁闷的。

小宝:老板,我在创新项目上表现得不好,可能要让您失望了。

大宝:啥情况?

小宝:答辩环节,我回答得太简单直接了,别人都是充分表现,我可能要输了。

大宝:你为什么不多讲一点呢?

小宝:我觉得没必要啊!一句话的事情,为什么要讲得那么复杂？

大宝：你以为评委是大宝吗？

小宝：……

很多年轻同事不缺乏沟通和表达的勇气，但就是在表达时容易出问题。问题在于，他们很多时候是站在自己的角度表达，说自己想说的，不管别人是否理解、接受，或者觉得别人就应该理解、接受，一句起、两句止，给人感觉一副爱答不理的"高冷"样子。

对于这种情况，大家通常会觉得这是年轻人的"标配"，性格使然。实际上，其内核还是在于思考的深度和见识的广度不足。由于经验不足，他们无法在不同场景下及时组织、调动起有效的知识和例子进行充分的表达，所以表现出来的是"简洁"。

建议年轻的同事们多锻炼、多充电，不要觉得自己回答得简洁就是美，而是要意识到是自己的储备不够造成了表达时言之无物。

企业不是家,别想多了

小宝刚进公司时的导师大壮被"优化"了,小宝觉得非常突然。大壮是公司的老员工,一毕业就进了公司,伴随着公司一路成长,从小职员到如今的高级经理,为公司的发展立下了汗马功劳。虽然受大环境影响,公司效益严重下滑,正在寻求转型,组织也在不断优化,但小宝怎么都没有想到大壮也会受到影响。估计大壮自己也没想到,最近一直在跟公司闹。

小宝:老板,你知道大壮要离开公司了吗?

大宝:嗯,舍不得?

小宝:有点儿,而且我觉得公司好像做得不太厚道,毕竟大壮付出了很多,公司发展到今天也有他的辛勤付出。

大宝:所以你觉得他应该跟公司闹?

小宝:至少要争取吧。公司一直强调大家是一家人,家人能被抛弃吗?

大宝:公司有没有违法?

小宝:我们公司不可能违法。

大宝:公司欠了大壮的钱还是人情?

小宝:……

作为打工人，我们都希望能进一家好公司。对大多数人而言，好公司的定义往往就是工作能长期稳定、工资能稳步上升。大家将公司视为大家庭，以自己成为大家庭的一员为荣，然后按照公司的要求勤勤恳恳做好本职工作，准备干到退休。好的企业平台不但能让我们的努力有合理的回报，而且能激励员工，提升员工的能力，让员工在市场上有更广、更好、更多的选择自由。

我们自以为找到一个好公司的时候，就很容易角色代入，将商业组织当成有血缘关系的家。但我们从来没有问过企业，这个"家"为什么需要我们呢？我们和企业究竟是什么关系？

我们每天努力工作为企业做贡献是责任，企业准时付出福利、报酬也是责任。

我们按照合同约定选择或离开企业是权利，企业按照合同约定聘用还是解雇员工也是权利。

权利和责任对等，谁也不欠谁的。

极易懂的供应链管理日记

我们究竟需要多理性

小宝在学博弈论,觉得那种绕来绕去的推论就像"盗梦空间",想学好很不容易。最近他刚好学到猜数字游戏,觉得很有意思,想着大宝平时装模作样,好像什么都懂,就决定用猜数字游戏"戏弄"一下大宝。

小宝:老板,我有个猜数字游戏,要不要玩?

大宝:可以啊!

小宝:请在0—100之间选一个数字,要求这个数字尽可能接近所有参赛者(例如1000人)所选数字平均值的2/3,你会选哪个数字?比如,三个人分别选20、30、10,三个数均值的2/3为20,选20的就对了。

大宝:这个简单,1000人,大概率平均值为50,2/3就是33。

小宝:嘻嘻,老板终于错了!

大宝:哪里错了?

小宝:这是第一层的思考。如果所有人都是理性的,大家都想到其他人选33,就会选33的2/3,就是22。

这是第二层的思考。依此类推，最后理性的人都会选 0。

大宝：……

这是凯恩斯在 1936 年出版的《就业、利息和货币通论》一书里的一个游戏。现实中《金融时报》《纽约时报》分别以两张伦敦飞往美国的商务舱机票为奖品，号召大量读者参与游戏，结果均值分别是 20、28（第二至三层的思考），对应的获奖数字是 13、19。那些非常理性的精英（超过四层以上的思考，占 12%），选 0 或者 1，都没有获奖。

这是一个非常有意思的现象，可能提示我们要在博弈中胜出，第二至三层的深度思考就是最优解。

极易懂的供应链管理日记

职业发展靠长期主义还是机会主义

小宝在公司发展得不错，大宝也给了他不少机会，但小宝总觉得自己是在大宝的庇护下成长起来的，有时会怀疑自己真正的工作能力。正值四月的跳槽旺季，小宝收到不少猎头的电话，有点心动，想去其他公司试试自己的水平。

小宝：老板，谢谢你一直以来的照顾，我才能在公司发展得这么好，好到别的同事都"羡慕妒忌恨"。

大宝：咋，有人排挤你？

小宝：不是。我在想，如果没有你的庇护，我是不是就没有今天的发展势头？

大宝：我没有庇护你，我只是将机会留给我觉得最有潜力的同事。

小宝：如果我去别的公司，我的潜力会不会同样得到领导的认可呢？

大宝：我怎么知道？别的公司有大宝吗？

小宝：……

很多人在考虑职业发展时都面临一个问题，即：究竟是在现有公司"死磕"等机会好，还是抓住机会往外面闯更好？如果借用投资策略来看待这个问题，就是作为职业经理人，我们应该信奉长期主义还是机会主义？长期主义要求大家选择好的赛道、好的公司、好的平台，然后坚持，坚信趋势会带给自己最大的收益。而机会主义就是相信眼前利益，只要有机会比现在好，就马上选择"追涨杀跌"。长期主义和机会主义，孰优孰劣呢？

It depends.（这要看情况。）

长期主义可能更适合社会精英，他们有眼光、有预见性，所以能提前部署，进入能持续发展的企业。

机会主义可能更适合草根逆袭，他们有野心，不满足于现状，愿意通过不断跳槽来实现跨越性增长。

当然，在改革开放后的许多年间，中国各行各业无差别地迅猛发展，遍地都是机会，大多数打工人都能通过不断跳槽实现自身价值的大幅增长。

而现在，无论是社会上还是企业内，机会出现和消失得越来越快，机会变得越来越复杂、难以捕捉，"内卷"越来越严重，可能坚守才是王道。

最后，还是"顶头上司"影响最大，无论正在打工的你信奉长期主义还是机会主义，首先要找一个好老板。

极易懂的供应链管理日记

坚持重要还是选择重要

到了年中 IDP（个人发展规划）的回顾时间，小宝正在准备梳理自己 IDP 的完成情况，回顾最近这两三年的个人发展计划，该学习的技能、该承担的项目、该改善的行为似乎都已经完成了，但是想象中的待遇和晋升却没有如期而至。小宝困惑了。

小宝：老板，你觉得我的 IDP 完成得怎么样？

大宝：嗯，不错啊！通过这两年的 IDP，明显看到你在各方面都取得长足的进步。

小宝：是的，我的 IDP 基本上都按时按质地完成了，但就是有一项没有完成。

大宝：哪一项？

小宝：三年内晋升经理。

大宝：我也三年没有晋升了。

小宝：……

在过去的几十年，中国经济急速增长，社会财富急剧增加，各行各业繁荣发展，企业每年两位数的增长率基本上是常态。打工仔都赶上了好时机，遍地是工作机会，大家普遍对工资和职级都有很高的期待：每年工资的增长起码不落后于 GDP 增长，每过三五年必须要有晋升，否则马上考虑跳槽。所以整个社会的认知就是，选择比坚持更重要。

用选择代替坚持在过去可能是最高效的成功方法。但是，今天，在社会逐步稳定，经济发展趋缓，失业率攀升，每年千万名大学毕业生毕业即面临失业的情况下，坚持、坚守本职工作，深耕岗位能力，提升工作竞争力，可能才是应对当下现实的最佳办法。

不要与趋势为敌！

极易懂的供应链管理日记

为什么不能长期居家办公

随着信息技术的发展，各种网上办公软件被开发出来，而且用户体验非常好。刚好公司最近装修，需要两周时间，小宝被要求居家办公，正好可以尝试在家通过网络视频会议进行工作。开始时，小宝觉得非常爽，因为居家办公可以省下大量通勤时间，几乎可以睡到自然醒，衣着也不用太讲究，关键是在家可以随时随地吃吃喝喝、玩玩乐乐，不用老是被大宝盯着。但随着时间的推移，小宝却开始产生了想回公司上班的念头，他自己也觉得很奇怪，宅家工作不正是自己的梦想吗？为啥竟然有想回公司上班的念头？

小宝：老板，你觉得居家办公会成为常态吗？

大宝：不会！

小宝：但是居家办公好处很多啊，省时、省力、自由、高效……

大宝：自由是肯定的，但高效就不一定了。

小宝：为啥？

大宝：宅家后，你的体重增加了多少？

小宝：……

这三年大家渐渐习惯了线上活动，从购物、娱乐到学习、工作，很多时候都在网上进行，似乎靠网络就能实现足不出户而完成所有任务。的确，随着技术进步、设备更新和网络完善，我们越来越能感受到网络沟通的便捷性、即时性、灵活性带给我们的方便。但现实中，随着宅家时间越来越长，大家都想回到线下工作、学习，这是为什么呢？纯粹是因为我们的社交属性？显然不是。社交问题在虚拟世界一样可以得到满足，而且很多社交恐惧症患者也想回到线下。这背后可能有以下几个原因：

1. 人很难做到自律，需要环境监督，线上环境不太好实现监督功能。

2. 人需要精神鼓励，线下环境更能激发人的精神动力。

3. 人需要相互观察、模仿、学习，包括表情、肢体动作等，而目前线上无法实现这一点。

所以，能线下上课、工作，就尽量线下，集体比个人更能抵抗惰性。

流程重要还是结果重要

小宝最近很努力,在学很多课程,有线上的也有线下的,接受着各路大师的指点。他学每门课都觉得很有道理,每个知识点都让他有豁然开朗的感觉。但学着学着,他就发现了一个很严重的问题——不同大师之间的观点似乎不太一致,甚至存在冲突。小宝有点迷糊,不知道该听谁的,更加不知道怎么落地。小宝便去请教大宝。

小宝:领导,我最近学了很多管理方面的课程,收获不少。

大宝:太好了,分享一下?

小宝:但是有些内容我没搞懂,因为不同老师给出的建议完全不同,不知哪个才合适。

大宝:具体说说?

小宝:有些老师强调流程,只要流程做对了,人才就可以批量成长,产品质量就能保障,服务就更加标准……总之,什么都可以通过流程解决。

大宝:很有道理!

小宝:但有些老师就一再强调,要打破流程,快速迭代,以结果为导向,"流程是用来被打破的"。我该听谁的呢？

大宝：……

记得以前学商法，学到大陆法和海洋法的区别。大陆法强调对法典的解释，海洋法强调对判例的参照。据说是因为大陆法源于农耕文明，有稳定的社会形态和传承，所以倾向于严谨的法典制定和执行（以法国为代表）。而海洋法源于海洋文明（以英美为代表），生存环境较为恶劣，需要团结才能繁衍，所以陪审团是最终裁决者，少数服从多数。对于企业管理而言，无论是强调结果还是流程，其实都没有错，关键是看企业所处的阶段、文化、价值观、生长土壤等。

如果企业正处于稳定发展期或上升期，当然要强调流程，确保运营不变形、方向不改变，因为这时候的企业正在已经证明了的合适赛道上做正确的事情，流程固化、稳定可以让企业实现倍数增长。

如果企业正在改革创新或者正在衰退，证明公司在经营上肯定有问题，这时候就不能靠流程来拯救，而必须以结果为导向，大破大立，才能实现"咸鱼翻身"。

其实结果导向和流程优先根本不是二选一的问题，只是在不同条件下，两者互为因果罢了。

PPT 究竟是用来干吗的

大宝急着要向老板汇报一个项目,赶紧叫小宝准备 PPT。小宝作为熟练工,马上开足马力,两天内就赶出一版,洋洋洒洒接近 30 页,心想这次大宝肯定对自己刮目相看。可谁知道,大宝并不满意,而且连续让小宝改了四五遍还不满意。小宝有些不耐烦了。

小宝:老板,你知道我花了多少心血在你的 PPT 上吗?

大宝:怎么啦?

小宝:从字体、排版、颜色、图片到表格,等等,我都下足了功夫,认认真真地准备每一页,力求细节完美,为啥还达不到你的要求?

大宝:这些方面都很重要,但还不是最重要的。

小宝:那什么是最重要的?

大宝:灵魂,PPT 的灵魂是最重要的。

小宝:……

很多人在准备 PPT 时往往落入一个陷阱,认为只要 PPT 排版好看、结构合理、细节完整,让读者感觉好看就行了。其实,这完全忽略了 PPT 最重要的目的:沟通。PPT 不是图画艺术,而是辅助演讲者说服听众、与听众有效沟通的重要工具，所以一定不能喧宾夺主。好的PPT必须具备以下特点。

1. 主线（故事线）清晰，出发点明确，内容结构紧凑，能互证。

2. 少就是多，每页的标题（中心思想）和每页表达的观点最好只有一个，否则听众不能在短时间内完全消化。

3. 尽量少一些文字，多一些表格、数字，让听众"秒懂"，而不需要阅读、琢磨、转化，否则效率低，听众易走神。

4. PPT的内容要与演讲者讲述的内容互补，呈现希望听众反复记忆的重点，而不是照搬演讲者讲述的内容。

5. 每页颜色不超过三种，字体统一，适当留白。

总之，一切从听众的角度出发，让听众能"秒懂"的PPT才是好PPT。

极易懂的供应链管理日记

期待 MBA 教育重回正轨

一年一度的全国硕士研究生统一招生考试报名工作马上就要开始了,小宝正在纠结是否要考个 MBA(工商管理硕士)。眼看着 MBA 的学费一年比一年高,而报考 MBA 的人数却持续居高不下,小宝感觉考 MBA 的性价比越来越低,不是很想去报考,但作为一个管理者,如果没有一个 MBA 学位,似乎赶不上潮流,进不了圈子,从这方面看好像对职业发展或多或少也有帮助。小宝拿不定主意,觉得还是需要请教一下大宝。

小宝:老板,我有点想去报考 MBA,但是又觉得好像性价比不高。

大宝:你不是已经有硕士学位了吗?

小宝:嗯,但是我听说读 MBA 好像更容易进入更高端的职业人脉圈子?

大宝:我当年也是这样认为的。

小宝:然后呢?

大宝:然后发现大家都是抱着这个目的来的。

小宝:……

物以类聚,人以群分。职场人士考 MBA 的热潮一直在持续,但是以前有个特殊现象就是 MBA 的低龄化，入学年龄一年比一年小。其主要原因有两点：第一，MBA 是全国统考，年轻的毕业生更占优势；第二，很多读 MBA 的同学都是抱着进圈子找资源的心态（包括老师也这样认为），年轻人更有雄心。这两点直接导致了 MBA 的入学年龄越来越低。但实际上呢，就像 MINI Copper（宝马集团旗下汽车品牌）的车主俱乐部一样，车主都希望进群找"小姐姐"，结果发现群里的车主都是"单身狗"。MBA 毕业生的就业、薪资改善情况不理想，更加影响了该专业的口碑和形象。

近年来，部分院校将 MBA 的招生考试改为先面试再统考，估计就是因为以上的流弊而做出的调整。

我相信，经过几年的培养，MBA 教育能真正回归正途，凭毕业生的实力捍卫 MBA 该有的荣誉。

不过，估计学费就会更加高昂了。

如果上司不能让你进步，请把他（她）换掉

小宝一直很佩服大宝。自从几年前加入公司跟随大宝工作以来，小宝明显觉得，自己无论是在业务能力、待人接物还是思考深度上都得到了很大的提升。但随着工作年限的增长，小宝发现，好像自己的知识增长速度越来越慢，工作内容似乎总是在重复，没有什么难度，当然也没有什么优化。作为一个非常有上进心又非常渴望学习的年轻人，小宝感到焦虑。

小宝：老板，你知道吗？我跟着你工作已经有5年了。

大宝：哎呀，时间过得真快！

小宝：我开始有点担心了。

大宝：担心什么？

小宝：你教我的东西我现在基本上都学会了，现在感觉不知道该学点什么，担心自己不学习就要落后了。

大宝：噢，你该换岗了。

小宝：……

大家都知道上司对于下属的主要工作就是管理和指挥，这

是企业付钱给上司的重要原因。但是大家往往忽略了上司更重要的一个角色：教练育才。其实上司的收入里有一部分是对下属培训、培养的工作报酬，这在某种程度上也是上司给予下属的学习补贴。因此，一个好的上司必须要肩负起下属成长进步、能力提升的职责，而下属要求上司给予工作、学习上的指导和点拨也是顺理成章的。

如果大家觉得上司已经不能给你滋养让你进步，说明企业给你的总福利正在缩水，你应得的待遇正在减少，请考虑换掉你的上司！

同样的，已经没有能力让下属进步和发展的上司，企业也要请其离开。

上司不易做，晋升需谨慎。

让别人接受自己的意见前,我们准备好了吗

小宝在上领导力课程,其中有一门课讲的是如何说服别人。小宝感触很深,作为工作不久的职场新人,平常在和同事沟通时特别能感受到说服别人的困难——明明有自己的观点,但在会议上、工作中往往很难得到别人的认同,有时候急起来还会演变成争吵。为了减少与别人的争吵,小宝很多时候只好将想法和方案默默地埋在心里,非常压抑。

小宝:老板,我觉得自己有点孤僻。

大宝:没有啊,我觉得你挺外向的。

小宝:不是,我开会的时候都不怎么发言,可能给大家的感觉是我很不合群。

大宝:你为什么不发言呢?

小宝:不想讲,有时候我的意见和别人不一样。

大宝:说出来啊,怕啥?怕说错?

小宝:不是怕说错,有时候事后证明我还是对的,但我不太会说话,口才不好,很难说服别人,通常最后都是各执一词、互不相让。

大宝：如果你真的有理有据，为什么怕说服不了别人？

小宝：……

很多时候，我们在提出自己的意见时，其实并没有经过深思熟虑，特别是在会议上，大家很容易通过经验、直觉就对某些事情做出判断甚至给出结论。如果自己给出的建议没有被采纳而事后又被证明可行，那么建议提出者往往会沉浸在自己怀才不遇、"世人皆醉我独醒"的感觉中不能自拔。他们往往将自己建议没有被采纳的原因归咎于别人的认知水平或者别人对自己的偏见。

但是，事实真的是这样吗？

如果我们的出发点是想让自己的意见被别人接纳，那是不是应该提前做好准备，收集资料、分析数据、反复推敲、优中选优之后再和别人沟通呢？当别人第一次不理解时，我们是不是会根据别人的反馈继续改善自己的方案，继续沟通呢？关于这一点，可以回想一下我们是如何准备毕业论文的。

很多时候，我们对自己的建议都没有做好准备，没有那么坚定，那怎么指望别人能接受呢？

说话的艺术

小宝平常说话温柔、客气，非常得体，大家都很喜欢。这个优点让小宝成为各个项目在招募组员时优先考虑的对象。不过，凡事都有两面，有些同事就觉得小宝讲话不够直截了当，沟通效率不高，甚至还觉得小宝这种表现是故意的，有城府。听到不同的声音，小宝有点苦恼。

小宝：老板，怎么才算是会说话？

大宝：你不会说话吗？

小宝：我是想问怎样说话才能让大家都喜欢。

大宝：你平时说话很有礼貌、很得体啊，我觉得挺好的。

小宝：但是，有的同事觉得我说话太软了，没有力量和激情，没有感染力。

大宝：嗯，你有没有想过，这可能是听众的问题？

小宝：听众有问题？那怎么破解？

大宝：学会在不同场景说不同的话。

小宝：……

在职场中如何说话实在是门学问。直截了当，别人说你浮躁浅薄，不经大脑，不顾及别人的感受；婉转表达，又可能被扣上心机深沉、阴险狡诈的帽子。说真话（自己认为是真），很可能被打；说谎话，很可能被告。而且语气、神态、举止必须与语言配合得当，否则极易让听众产生误判。

说话的艺术是一门高深的学问，既要表达清晰又要顾及情面，既要礼貌得体又要简洁大方，能熟练掌握者必为语言艺术大师。

尝试着总结一下，会说话要做到以下几点。

1. "见人说人话，见鬼说鬼话"（根据场景、对象、目的不同而调整自己说话的方式、语气、语调、肢体、神态……）。

2. 可以不说真话，但不能说谎（有底线，懂闭嘴）。

3. 稍微复杂的问题，能书面表达就尽量避免口头或语音表达（给自己思考的时间，嘴往往比脑子快，但手比脑子慢）。

4. 少说多听（明白对方的意思往往比表达自己的意思要更重要）。

没有结果，疲劳和苦劳不值一提

临近年底，小宝最近一直在准备预算和绩效资料。由于资料较多，时间紧迫，小宝每天都要在公司工作到晚上八九点钟，连续作战让小宝觉得非常疲惫。与此同时，小宝惊讶地发现，原来有好几位同事比自己下班还要晚。小宝忍不住上前了解情况，本以为这些同事也是因为准备年底资料而临时加班，但了解之后才发现这些同事每天加班到九点是常态。小宝震惊之余，隐隐担心自己是否加班太少了。

小宝：老板，我发现有些同事非常勤奋。

大宝：怎么说？

小宝：他们天天工作到晚上九点，实在是"工作狂"！

大宝：他们是不是弹性上班，上午十点才到岗啊？

小宝：不是，我留意过，他们基本上都是九点前到公司。

大宝：他们是Ａ类员工吗？

小宝：好像不是。我也觉得奇怪，他们这么努力，应该是"明星员工"啊！

大宝："明星员工"是要通过业绩考核的。

小宝：……

入门必修

2022年11月推特（Twitter）的原产品管理总监为了保住工作，在公司连续加班，并在公司打地铺的"事迹"上了媒体头条。果然，无论中外，通过加班表达勤奋都是"必杀技"。但是，马斯克需要的是24小时待在办公室的员工吗？作为曾一度连续亏损，还找不到合适收费模式的"美国版微信"，绝对不是靠加班就能解决问题的，马斯克已经旗帜鲜明地提出"copy Wechat"（复制微信）。其实员工们也明白新老板的心思，但是在没有能力解决老板的问题前，只好用最朴素的方法表达自己全力以赴的态度。

问题是，我们更需要的是员工创造的"功劳"，而不是"疲劳""苦劳"。

一般的岗位和工作都是按照8小时的负荷设计的，如果需要每天12小时才能完成，那么要么是雇主刻薄，要么就是员工能力差。

尽人事，还得听天命

国庆节小长假期间，小宝去广东韶关旅游，顺路去了南华寺观光。南华寺由于供奉了六祖真身，是广东香火最盛的寺庙之一，小宝进庙时的确感受到香客如潮，香烟缭绕。入乡随俗，小宝也模仿着上香祈祷。节后，小宝回到公司和同事们提起参拜过南华寺，同事们都笑称，小宝必然得到佛祖保佑，运气满满。小宝一笑置之，也没有太放在心上。但随后不到一个月，小宝忽然得到公司的特别奖励，晋升一级，小宝开始对参拜的事情将信将疑。

小宝：谢谢老板给我晋升。能弱弱地问一下为什么这么突然吗？

大宝：惊喜不好吗？

小宝：当然好，但也想知道原因。

大宝：你表现出色、优异，本来就准备过两年提拔你的。

小宝：为啥可以提前？

大宝：你现在位置的同事有 oversea assignment（海外派遣），但按照公司的政策，必须有 successor（继任者）才能调动，你赶上趟了。

小宝：……

在职场中，运气是非常重要的。无论是求职、面试、晋升、做项目等等，很多时候"碰巧""机缘巧合"会变成某一事件的决定因素，而这一事件很有可能会直接改变自己整个职业发展道路。

大到行业的选择，如20世纪90年代进外企，21世纪00年代进互联网企业、10年代进新能源行业，能提前进入并坚持到行业爆发、享受行业红利的，绝对不是高瞻远瞩、提前部署的结果，更多是靠运气。小到公司内遇上好老板、碰上好机会、躲开"暴风眼"等等其实很多都是有运气成分。

所以不要过多强调人定胜天，还是要顺势而为、承认运气、相信缘分，自然就能工作更顺畅，生活更美好。

新生代初入职场的关键：与同事处好关系

小宝毕业后工作两三年了，除了业务压力外，最大的困扰就是不知道如何与同事处好关系。以前在学校，和同学的关系非常简单，直来直去，合则聚不合则散。但在工作中，却很难做到这点，好像需要控制好自己的表达、控制好自己的情绪才能顺利融入团队。这让"放纵不羁爱自由"的小宝感到很难受。

小宝：老板，我总觉得同事不太喜欢我，怎么办？

大宝：不会吧？大家对你印象不错啊！

小宝：都是表象。有些同事我很不喜欢，甚至想直接"拉黑"他们，他们可能也觉得我不合群。

大宝：不喜欢就"拉黑"？

小宝：对啊，我以前对同学都是这样的，过一阵子好了，我再恢复。

大宝：可他们是同事，不是同学啊！

小宝：……

很多新生代员工，由于刚出校门，思想和行为上还保留着学生时代的特点，往往很难与公司里有资历的员工建立起有效的沟通。这里的有效沟通指的是能和同事充分互动，互相明白对方的诉求，至于能否形成共识则需要彼此间求同存异。新生代员工有自己独特的想法，也很坚持自己的想法，当与老员工看法不一致时，通常是要么袖手旁观，要么甩手而去。在他们看来，捍卫自己的思想是非常重要的。

事实上，很多新生代没有明白同事与同学最大的区别就是协同合作。同学面对的考题都一样，自己回答好最重要，别人如何回答与自己无关。而同事是在一个职能、一个部门、一个公司里面各自负责不同工作的，会相互影响，彼此之间缺乏协同、合作、支持就无法实现公司的整体目标。

因此，尽可能团结同事、营造更和谐的同事关系是新生代初进职场的最重要一课。

知白守黑，知荣守辱

小宝为人直率，好争辩，与同事意见不同时一定会据理力争，希望能分个是非黑白。由于小宝逻辑思维能力强，头脑灵敏，很多时候同事们很难说得过他。久而久之，只要小宝一开口，同事们要么保持静默，要么转换话题。小宝觉得挺没意思，但又觉得自己没有问题，不服来辩，自己又不是"小气鬼"，为什么就这么不受同事待见呢？

小宝：老板，我觉得同事们不太喜欢我。

大宝：噢，为什么？

小宝：我一说话，他们就不接话，有时候直接换话题，他们明显是针对我。

大宝：可能是你太厉害了，大家不敢跟你说话。

小宝：我只是喜欢直说，他们讲话很没逻辑，又啰唆，想都没有想清楚，多问两句就不知道如何回应了……

大宝：停，我也不想和你说话了。

小宝：……

现代社会的工作、生活节奏非常快，大家都必须时时刻刻竭尽全力，才有机会获得成功，因此无论行为、语言、思想都以争先为目的。积极向上的精神无可厚非，但如果过于功利、互不谦让，只会让个人变得孤独，无人相助。而在高度发达、分工明确的今天，单靠个人单打独斗，忽视团结协作，势必行不远、走不通。

其实很多时候只要心里明白就好，不必咄咄逼人，这于事无助、于人无益。

"知其白，守其黑，为天下式。"

Work-life balance 是工作态度，不是工作标准

大宝最近比较烦。市场压力越来越大，工作强度和工作时间随之倍速增长。家里事情也特别多，兼顾家务、辅导孩子、照顾长辈，所有的事情就像事先约好了一样同时出现。原来制订的健身、游戏、学习、休闲等所有计划都被打乱，精神和身体的状况越来越差。大宝眼看着已经不多的发量越来越少，心里很着急。

小宝：老板，你最近状态好像很差，身体还好吧？

大宝：小宝成熟了，会关心人了啊！我最近的确很忙，各种事情都挤到一块去了。

小宝：放松点，公司不是一直提倡工作生活要平衡吗？

大宝：那你认为什么才是工作生活平衡呢？

小宝：上班的八小时全力工作，下班以后全力生活。

大宝：如果上级布置的工作员工在八小时内完成不了，你认为是上级摊派任务太重呢，还是自己工作效率太低呢？

小宝：……

入门必修

受跨国企业的影响，很多职场精英都非常推崇 work-life balance（工作与生活平衡），要在工作的同时兼顾家庭、生活。其核心逻辑就是：没有了家庭和生活，工作有何意义？但在实际工作中，有的人遇到工作不顺心或者工作时间与生活、家庭冲突时，立刻高高挂起"免战牌"；如果实在逃不了，就以为了公司利益而饱受委屈的形象含泪加班，最后将其作为年终评优的有力筹码。他们的逻辑是，我只对上班的八小时负责。

以华为、腾讯、阿里、小米等大厂为代表的"996""007"群体追求的不是八小时工作的平衡，而是以高强度、高压力、长时间工作来换取高回报、高成就、高质量生活的另一种平衡。

对于个人来说，哪种选择都没有对错，只是选择的平衡维度不一样。但对于企业、社会、国家而言，奋斗者才是进步的源泉和发展的动力。

极易懂的供应链管理日记

进入心流 VS 跳出舒适圈

经过几年的工作,小宝的业务技能得到了很大提升,现在对于日常工作已经得心应手,空闲时间也变多了。虽然工作变得相对轻松,但小宝还是很有上进心,想继续进修,精进业务,但好像一直没有找到好的办法。

小宝:老板,我最近感觉有点心虚。

大宝:啊,做错什么事啦?

小宝:不是做错事,是我最近感觉工作没啥压力。

大宝:你这是"凡尔赛"吧?我忙得晕头转向!

小宝:不不不,我是觉得自己要持续提升,现在的工作我应付起来觉得挺简单的。

大宝:噢,你进入了舒适区。

小宝:……

有个观点在职场人士中非常流行,那就是如果你要提升自己,就要学会不断跳出舒适圈,不断让自己面对未知甚至恐惧的挑战,从而激发自己的潜力(参考原始人类在丛林中的生存状况),以实现个人能力的提升。在这个观点的指引下,大家频繁地换岗位、接项目、提升业务目标……的确,这种做法可以将压力转化为动力，从而实现个人能力的突破。但是这个观点也有其弊端。

1. 反人性，没有人真正愿意老是折腾。

2. 可能成为逃避现状的借口。

3. 可能会浪费在原来圈子中已经拥有的基础、技能和经验。

同样是激发潜力，让员工在工作中进入心流（在心理学中是指一种人们在专注进行某行为时所表现的心理状态），可能更有效果。心流讲求的是让人高度兴奋、高度专注、高度舒适，从而高效地、创造性地工作。要进入心流的关键有以下几点：

1. 目标统一清晰。

2. 精神高度集中。

3. 没有忧虑感。

4. 及时激励。

一个是通过克服恐惧转化为动力，一个是通过追求兴奋获得动力，你会选择什么方式提升自己呢？

投资领导还是投资自己

小明工作一直很努力,领导对其工作十分认可。今年又到了晋升评估的时候,不知道从什么时候开始,周围的同事们开始议论纷纷,都在传小明很快就要被提拔。作为小明好友的小宝,也从其他同事的口中听到只言片语,既替小明高兴又有点疑惑:虽然小明很优秀,但是如果这次晋升成功,就是两年晋升三级,会不会太快呢?

小宝:老板,我在外面听到一些消息。

大宝:噢,说来听听。

小宝:大家在传小明今年会晋升。

大宝:是吗?好事啊!

小宝:但是有同事说小明太年轻,经验不够,晋升太快了。

大宝:告诉你一个秘密,当年我的老板提拔我的时候,我是候选人中资历最浅的。

小宝:那肯定是你的老板很喜欢你。

大宝:因为当时老板需要找一个有跨界创新项目经验的人,我恰恰是唯一一个来自其他职能部门的候选人。

小宝:……

如果你问职场中的小伙伴们，要得到晋升的机会，最重要的条件是什么，那么可能99%的人都会回答"领导喜欢"。的确，领导的认可和提拔是晋升的必备条件，所以很多职场"老手"全力以赴、挖空心思、溜须拍马、投其所好就是为了给领导留下好印象，希望得到领导的格外照顾。但是，领导为什么要认可和提拔你呢？真的仅仅是因为你让他（她）舒服吗？当然不是！

现代企业的管理层本身也面对业绩压力和考核，如果提拔的都是"马屁精"，业务能搞好吗？估计自己先被自己的领导"干掉"了，所以聪明的领导必然会提拔对公司发展和自己前途最有帮助的下属。而这个助力在不同阶段、不同时期的需求可能不一样，创业阶段需要创新型人才，发展阶段需要经验丰富的人才，守业阶段需要忠诚稳定的人才，等等，这些都是因势利导，各取所需。

所以，与其将精力、时间投资在讨好领导上，倒不如将时间花在提升自己的业务、管理、沟通等能力上面，尽量丰富自己在不同岗位、部门历练的履历，当机会来临时，领导不选你选谁？

极易懂的供应链管理日记

"摩擦性失业"与"摩擦性摸鱼"

作为一个工作非常认真、负责的职场新人,小宝每天都非常忙碌,加班工作是常有的事。虽然工作非常忙碌、非常累,但是小宝还是觉得很充实、很有满足感。有一天,小宝经过一位同事的座位时发现同事竟然在看网剧,虽然同事发现小宝后马上切换回工作屏幕,但小宝已经看到了,同事在"摸鱼"。小宝随即就有情绪了,自己每天辛苦工作,连休息的时间都很少,但旁边的同事竟然在"摸鱼"。

小宝:老板,我举报,有同事在"摸鱼"。

大宝:啊,不会是我吧?

小宝:我发现有同事在工作时间看网剧。

大宝:的确不合适,你觉得该咋办?

小宝:我觉得应该警告该同事,并禁止其继续"摸鱼"的行为。

大宝:你有没有想过他们为啥"摸鱼"?

小宝:偷懒啊!

大宝:或许是他们能力很强,活都干完了呢!

小宝:……

联想到之前上过一阵新闻热搜的所谓"摩擦性失业",就是在现实社会中由于资源配置、技术性或者季节性问题,导致部分人不能实现完全就业。这种状况如果出现在公司里,就会直接导致"摸鱼"、出人不出工等不完全工作的情况出现。其根本原因就是人力资源的配置有很强的惯性(如招人、培训等需要较长的周期),总会滞后于业务的调整变化,所以在两者适配的时间差里,肯定会出现人效降低、工作分布不均等情况。这就考验每个企业人力资源策略的前瞻性、弹性和柔性了。越少出现"摩擦性摸鱼",企业的人力资源效率就越高,公司的运营效率自然就越高。

职场有"渣男"

小宝正在准备一款新产品的上市供应计划。按照要求,小宝需要得到销售预测、原料配方、供应商资料、产线准备情况等信息,由于小宝是新手,对于这些准备工作不太熟悉,只好去请教老计划员小明。小明非常热情地给小宝答疑解惑,小宝非常感动。产品上市非常成功,小宝对小明千恩万谢。可是,小宝突然发现同事间出现了一些流言,大家在传这个上市计划就是小明做的,小宝剽窃了小明的工作成绩。小宝觉得很委屈,小明的确帮忙了,但还有很多同事协助过自己,而且计划明明是自己完成的,现在竟然被"黑"。

小宝:老板,我想澄清一件事。

大宝:什么事,新品上市的事?

小宝:嗯,小明曾给过我指导,但是新品上市计划完全是我自己完成的,绝对没有剽窃。

大宝:我肯定相信你啦,不要在意流言蜚语。

小宝:哪能不在意?人言可畏啊。

大宝:你这么在乎别人的影响,那以后就要学会慧眼识"渣男"。

小宝：谁是"渣男"？

职场中各色人物层出不穷，有恶形恶相的"暴龙"，有阴阳怪气的"老狐狸"，也有善于钻营的"马屁精"。这些特点鲜明、几乎将想法写在面上但绝对表里如一的"真小人"好相处、好防范。难相处、难防范的是那些表面热情正直、有求必应、说起话来让人如沐春风、特别关怀体贴，但暗地里造谣生事、搬弄是非、恶意中伤的"伪君子"，用网络流行语来说就是"渣男"。其主要特点如下：

1. 面对有情绪的同事，表面上感同身受，提供情绪价值，背后散播同事思想幼稚，不堪重负。

2. 面对后辈新手，表面上积极指导，提供工作的支持，背后抱怨自己努力和绩效被抢、自己如何委屈。

3. 面对团队队友，表面上精诚合作，甘为人后，背后收集资料，抓住机会，抢功表现。

这类人很难识别，往往是在受害后才能察觉。但是有一点是他们共同的特点：口甜舌滑，很会说话。当你遇到相知甚浅但巧舌如簧者，要小心再小心。

极易懂的供应链管理日记

无解 bug 一样存在的"万一"

公司正在上 AI（人工智能）项目，小宝是项目负责人，按照项目的时间进度，一周之内小宝要准备好项目的整体规划并向财务讲解项目的需求。由于现在公司经营环境的不确定性越来越大，很多投资都要严控，如果这次财务不批准项目的预算，估计后面得到批准的机会就很小了。小宝和团队殚精竭虑、起早贪黑地忙了好几周，终于准备了一份完整的报告。非常可惜的是，财务在听取报告后觉得小宝的项目计划不过关，让小宝修改后再沟通。小宝有点不服气。

小宝：老板，AI 项目申请没通过，怎么办？

大宝：为啥？你们不是已经准备得非常充分了吗？

小宝：是啊，我们对每个假设、每个环节、每个步骤都做了清楚的描述，对 ROI（投资回报率）也做了清晰的计算，但还是没通过。

大宝：究竟是怎么回事？财务怎么说？

小宝：财务质疑我们对业务增长的预判证明，认为万一不对了怎么办？

大宝：好问题！

小宝：预测就是预测，我们怎么证明？

大宝：财务可能知道公司要倒闭了吧？

小宝：……

做项目时，最关键的是假设条件的设立，这是项目的立足之本。任何项目推进过程中最容易遇到的问题就是：万一假设不成立怎么办？然后项目组就"石化"了，因为"万一"永远都是对的！

面对这类正确的废话，最好的回应就是让对方证明这个"万一"，比如使用风险管理矩阵进行评估等，但这个办法只能防君子不能防小人。

对于这个"万一"，如果企业、组织本身没有永远创业、不惧犯错的精神，基本上都是无解的 bug 一样的存在。

极易懂的供应链管理日记

做中介还是价值创造者

没有悬念——小宝精心准备的预算再次被财务抽出的"40米长大砍刀"砍去20%。小宝有些愤愤不平,觉得自己提出的预算中有逻辑、有数据、有事实、有ROI(投资回报率),而且还是zero base(零基)的预算,凭什么让我们硬减?财务的回复是,不减的话,整体业绩和利润目标无法完成,将之前的预算金额减少20%已经算少的了,其他职能部门的预算要减30%—40%。

小宝:老板,预算这么少,明年怎么办?

大宝:经济环境如此,我们只能服从大局。

小宝:早知如此,我们就不用这么努力地从零基做起,一项项费用地过、一遍遍检讨这么辛苦啦!

大宝:的确,如果纯粹是为了应付预算,我们完全没有必要这么麻烦。

小宝:是啊,直接将去年的费用加加减减就是了,反正最后都是财务决定比例。

大宝:预算不但是给公司一个交代,而且更重要的是我们自己对来年工作的认真思考和体现自身价值的必要规划。

小宝：太"高大上"了，但是我们还是要有足够的资源才能干活啊！

大宝：如果你能用更少的资源实现业绩目标，不是更能体现你的个人价值吗？

小宝：……

争资源、抢预算，这是每年年底工作的头等大事。抢到的，来年面对业绩目标，便轻轻松松、游刃有余；抢不到的，来年面对业绩目标，就会战战兢兢、如履薄冰。问题是，业绩究竟是资源"拱"出来的，还是自己做出来的呢？如果我们将自己定位成居间商，那么我们的核心工作就是"撮合"公司资源和业绩目标的匹配，居间费就是我们的工资；如果我们将自己定位成价值创造者，那么我们的核心工作就是让公司资源通过我们自身的能力实现增值，增值的部分就成为我们的回报。

当我们有能力创造价值而不是作为中介存在时，资源自然会找上门来。

如何识别公司是想培养你还是想压榨你

小美是去年来的管培生,公司对管培生寄予厚望,各种培训、各种资源都向管培生倾斜。刚开始的时候,小美还非常兴奋,感觉和在学校没有很大区别,而且有收入,更自由。但随着培训的完成,小美被正式编入业务岗开始实习,还没有遭受社会"毒打"的小美开始了被各种项目"虐待"的模式。每天她都被上级安排大量工作,同时由于公司正在转型,大量项目同时进行,时间紧、任务重,小美也被要求跟进一些其他职能的项目,每天小美都觉得精疲力尽。这一天,她刚好碰到小宝。

小美:小宝,我觉得我快撑不下去了。

小宝:为啥?顶住啊!

小美:我现在一个人打两份工,一边完成日常工作,一边跟进项目,太累了!

小宝:嗯,是累点儿,但有收获啊!

小美:有什么收获?我打两份工,却只拿一份工资,这明明是"剥削"。

小宝:为什么你不觉得这是公司特意培养你呢?

小美：……

职场人士，尤其是有能力的员工，通常会遇到超负荷工作的情况，上级有时候会因为你有能力而给你更多的工作。很多人会觉得这明摆着是欺负人，所以通常会有怨言，进而消极怠工，甚至拒绝接受安排，并且认为这样才是对自己利益的最大保护。

的确，如果是"血汗工厂"，通过高强度的劳动压榨员工，员工当然应该毫不犹豫地拒绝，因为这种工作对员工而言毫无价值。

但是，另外一种情况是，公司或者组织要锻炼有潜力的员工，特意给这些员工压担子，这时候员工应该好好珍惜机会，尽力表现自己。一个能承担超越自己岗位能力工作的员工绝对会被提拔重用。

问题是，如何分辨公司是想培养你还是想压榨你呢？建议主要看以下几点：

1. 谁安排工作？是否是人力资源部门或者越级安排工作。
2. 什么工作内容？是否是公司重点项目或策略目标。
3. 担任什么角色？是否要求独当一面或者有自己的团队。
4. 有没有辅导？是否有指定的资深员工作为教练或导师。

如果对以上四个问题中的两个及以上的回答是肯定的，那么恭喜你，咬紧牙，挺过这一关，你大概率要得到提拔重用了。

极易懂的供应链管理日记

选平台重要还是跟对老板重要

小宝大学毕业已有十年了，同学们此前都在奔波忙碌，很少相聚，最近恰逢毕业十周年，老班长趁机号召、组织大家在母校聚会。小宝和同学们分享了过去十年的心路历程，大家都发现，十年的时间已经让曾经熟悉的彼此变得如此陌生。唏嘘感叹之余，小宝敏锐地发现，大家的职业发展有个规律——进入好公司的同学远比其他同学发展得要好，而且与在学校的表现无关。

小宝：老板，我发现了一个职场规律。

大宝：噢？说来听听，让我也学习学习。

小宝：我发现选对公司非常重要，我那些进入大公司的同学都有了不错的发展，其他同学和他们差距挺大。

大宝：是不是因为你那些进大公司的同学本身就很优秀？

小宝：不是，有几个同学刚进大公司时，由于在校成绩不太好，都被分配在基层岗位，但后来随着大公司的发展，机会越来越多，他们的晋升速度也越来越快。而我们班的几个"学霸"毕业后进入小公司做储备干部，虽然很受老板赏识，但这几年的发展受公司影响却越来越差。

大宝：所以你觉得被老板赏识不如进大公司？

小宝：……

职场人士面对工作选择时都有一个困惑：平台重要还是老板重要？两个观点都有支持者。

——平台的影响力、品牌力、组织发展能力，会让我们得到市场的溢价，因为优秀的平台就是"蓝筹股"，加入他们会投资稳定，但不会有惊喜。

——老板的眼光、雄心、胸怀，有机会让我们得到远超市场水平的回报，因为优秀的老板就是"爆发股"，跟随他们会有投资风险，可能暴涨也可能暴雷。

大多数人都会选择平台，因为大家厌恶风险，但是真正能有作为、能在市场实现突破的只能是跟对老板。

建议刚入职场的新人们还是尽量进大厂、大平台，其理由就像考"985"一样，会让你有牢固的基础和加持的光环，但当你有一定阅历后，就要将重点放在选择老板上，这才是王道。

十年内，选平台；十年后，跟老板。

极易懂的供应链管理日记

一路走来，只有师友还是都是敌人

通过艰苦的努力，小宝负责的工程项目马上就要进入验收环节了。这是一个高度集成的新产线项目，由于项目规模较大，需要供应商、工厂、设备、工艺、质量、采购、安全等多个职能通力协作。小宝作为整个项目的项目经理，在立项、设计、规划、采购、安装、调试等各个环节都亲力亲为，现在马上就进入验收阶段，小宝非常期待。可就在这时候，EHS（环境、健康、安全部门）的经理发现项目现场设备供应商的管理人员没有按照公司规定穿戴PPE（个人防护设备），马上叫停了项目，无论小宝怎么解释他都坚持要整改、培训后才能复工，眼看工期可能被严重推迟，小宝非常愤怒。

小宝：老板，EHS的经理实在是太无理取闹了。

大宝：为啥？

小宝：供应商的确没有按公司标准准备完整的PPE，但那些是管理人员，不进入项目现场，凭什么不让开工？

大宝：嗯，你问过EHS的同事吗？

小宝：问过。他们认为，无论是管理人员还是操作人员都要服从统一标准。

大宝：你觉得管理人员肯定不会进现场？

小宝：就算进，也不会参与施工啊！这明明就是 EHS 的同事在刷存在感。

大宝：万一他们进了现场遇到意外呢？

小宝：……

无论是在工作还是在项目中，我们特别反感听到别人的反对意见。如果有人对我们的工作有负面评价或提出质疑，我们的第一反应通常是否定，然后是辩解，最后是反向攻击。所以我们最喜欢的就是自己干自己的活，别人不要干预，自己在自己的领地工作，安全舒适。

如果我们一开始就假设我们身边都是虎视眈眈的敌人，那么他们对我们的质疑和负面评价的出发点肯定是想损我利他。既然是敌人，我们当然要防范、要反抗。

但是换个角度想，别人为什么能"挑衅"你？肯定有其道理。如果他们是我们的师友，我们是否更容易接受他们的意见呢？

一念之差，正、负能量互易，我们想要什么，不是显而易见吗？

极易懂的供应链管理日记

为什么上班还要打卡

每到月底,小宝都要负责准备部门的考勤报告。报告准备起来看似很简单,但从某个方面来说却很麻烦,特别是针对报表上的任何异常,如迟到、早退、加班、调休等,都要一一找当事人校验。每次准备这份报表,小宝都会很不耐烦,觉得这完全是浪费时间,但因为是公司的制度要求,所以又不得不认认真真完成。

小宝:老板,现在是数字化时代,居家办公都常态化了,为什么还要考核打卡?

大宝:不打卡,怎么知道员工有没有上班呢?

小宝:就算知道员工上班了,但如果员工人在心不在也没用啊!

大宝:你觉得打卡对公司重要还是对员工重要?

小宝:当然是公司啦,员工谁愿意被监督打卡。

大宝:其实上班打卡对员工更重要!

小宝:……

从管理的角度看,上班要求打卡的背后逻辑是为了确保在某个时间、某个地点必须要有某些员工出现在工作场合。设想一下应用场景，需要员工准时出现的场合主要是固定场所的生产线、服务岗。除此之外，随着数字技术的发展，有些工作完全可以通过弹性上班甚至居家办公来完成。对于公司而言，只要考核绩效就好，员工是否按时打卡似乎意义不大。

但从劳动合同的角度，打卡在某种程度上能起到每天完成劳动合同确认的效果。由于数字技术的发展，工作时间的范围已经变得模糊甚至失去了界限，仿佛只要有网络就要一直在线。这时候，如果能通过打卡记录下自己为公司服务的时间，将更有利于证明自己对公司在工作时间上的贡献。当出现劳动纠纷时，打卡记录也是一个重要的证据。

当然，劳动合同正常履行的最关键要素是雇主的信用和雇员的职业道德，打卡只是手段之一，随着雇用双方的认知和道德水平的提升必将被其他方式所取代。

基层比努力，中层拼实力，高层靠意志力

小宝毕业后工作已经有一段时间了，但他总有一种看不惯周围同事工作表现的感觉。例如，团队成员每天都在加班，但效率不高，走一步问一步，不肯主动思考；同一职级的同事呢，倒是个个都积极主动地表现，大家都非常有能力，专挑容易出成绩、能在上级面前表现的工作迎难而上，就算是成绩一般也总能找到闪光点，避重就轻；而高层们呢，似乎没啥工作，就是不停地开会，每天指手画脚。目睹了种种现象，小宝感到疑惑：公司这样怎么会好呢？

小宝：老板，我总觉得我们同事的工作状态不太对，但是公司业绩还是挺不错的，这是为什么？

大宝：为什么你觉得我们同事的工作状态不好？

小宝：很明显，基层同事不肯主动思考，主管不肯做脏活累活，领导们又只会指手画脚……

大宝：等等，我只会指手画脚？我还是能做PPT，会用Excel，还会写小作文的。

小宝：……

在职场发展的不同阶段，其实能力要求是不同的，如果做对了，我们的职业生涯将少走不少弯路。

基层员工：必须要努力，无论上级交代什么工作，尽自己最大能力去完成，你的汗水上司绝对会看到。这个阶段考察的是员工的敬业程度、执行能力和工作态度。

中层主管：当你晋升为主管时，意味着你的工作态度和执行能力得到了认可。作为主管，带领团队，只有一个要求——出业绩。这时候光靠勤奋是远远不够的，要有精湛的业务能力和团队领导能力，将手中资源运用好，实现业绩目标，这个阶段考察的是实力。

高层领导：作为高层领导，核心工作就是稳定军心，鼓舞士气，"泰山崩于前而色不变"。这个阶段考察的已经不仅仅是工作态度和业务能力，更是意志是否坚定。

明白了各层级的定位和职责，面对晋升或跳槽的机会，要结合自身的情况好好掂量掂量哦！

专业锻炼

采购怎么做？计划怎么做？库存如何控制？行业竞争越来越激烈，商业模式不断迭代，企业还在摸索如何进行数字化转型，人工智能技术已经有应用场景了。小宝觉得这份工作太难了。

产品工业标准化：下一个巨大的商业机会

小宝刚刚考了个精益管理绿带，有点小嘚瑟，跃跃欲试的样子，到处找机会想一显身手。小宝在各个部门走了一圈下来，终于发现在物流有一个很好的机会可以实现流程优化。原来物流仓库里有很多不同类型的纸箱，但是无论哪种型号的纸箱在装产品的时候都有满载率不足的问题，需要加上填充物，这样做既不环保又浪费。小宝觉得这是一个改良的机会，马上兴奋地去找大宝。

小宝：老板，我发现一个非常大的节约增效的机会。

大宝：啥？

小宝：统一周转纸箱的标准，可以大幅降低纸箱的使用量。

大宝：好想法，那为什么物流部的同事不做呢？他们没想到？

小宝：他们应该能想到吧，这太明显了。

大宝：那为啥等你来改？

小宝：……

从事生产制造行业的管理人员都知道标准化的重要性。集装箱、托盘、模具、机床、车床、二维码、条形码等都是标准化产品，这些产品对提升工业生产制造效率影响非常大。但与此同时，大量异型产品、非标外观也大量存在。事实上，在我国，非工业标准的产品远远多于标准化产品。这是由于我们本身的工业标准化水平低，没有形成完整的系统闭环。举个例子，2018年商务部拿出10亿元补贴给企业，推行标准托盘（1米×1.2米），全国共享，想要大幅提升车辆周转率以及生产流通的自动化、机械化程度。可是钱花了，托盘企业买了，但装车的时候还是用人工堆叠而抛弃了托盘。存在的问题主要有：

1. 产品不配套。产品设计时根本不考虑装箱和码垛，尺寸不合适，在托盘上要么突出，要么内陷不稳。

2. 车辆不配套。现存公告的车辆内部尺寸与标准托盘完全不配套，托盘放进去出现严重亏吨的现象。

3. 场景不配套。在多数仓库、工厂、超市没有合适的码头装卸，导致装卸效率低下。

4. 网络不配套。全国的托盘流转网络尚未建立，导致回收、循环使用成本偏高。

当初商务部的设想非常美好，想推动标准化托盘成为集装箱一样的伟大发明，有利于经济效率的极大提升。可惜标准制定是由不同部门完成，无法形成共识与合力。直到今天，公共托盘共享还是进展甚微。

回到企业，同样的问题也出现在产品生产制造上。企业为了产品的独特性，往往在包装和外观上采用非标设计，大幅增加了制造成本和流通成本。实际上，我们购买的消费品的价格中，由于非标设计产生的成本起码占了总制造交付成本的50%以上。对于消费者而言，特别的包装、外观设计可能具备一定的吸引力，满足一定的购物需求，但消费者更应该关注产品本身及其带来的体验感。可见，工业标准化的效益空间还是非常大的，这是我们现在能看得见、摸得着的非常重要的一个商业机会。

但问题是，工业标准化涉及方方面面，涉及的管理体系极其复杂，如果不是国家出手，谁有能力横向到边、纵向到底地实现完整的闭环呢？

创造信息不对称赚快钱，解决信息不对称赚大钱

在刚刚结束的"双十一"促销活动中，小宝像往年一样继续"剁手"，虽然疫情对配送有所影响，但小宝还是花掉了将近一个月的工资。随着"战利品"陆续到家，小宝满心欢喜地逐一开箱。不出意外，买来的产品质量参差不齐，有的性价比很高，有的虽然很便宜但质量实在太差。不过，小宝经验丰富，早就买了退货险，只是费了些功夫，对质量差的产品进行退货处理，基本上没什么损失。

小宝：老板，今年"双十一"有没有出手啊？

大宝：没有，不知道这个活动是真促销还是假降价。

小宝：真的便宜，平台承诺的。

大宝：有些平台上的商品价格是很低，但质量没保证啊！

小宝：有退货险，不合适就退，没花多少成本。

大宝：我的时间不是成本吗？

小宝：……

自网络电商平台出现以来，线上购物占比不断提升，从

电商到微商，再到直播、短视频带货，各种渠道你方唱罢我登场，不断迭代，非常热闹。但是万变不离其宗，这些渠道的赚钱方式主要有两种：靠创造信息不对称赚钱和通过解决信息不对称赚钱。

当渠道靠创造信息不对称赚钱时，利用消费者对于产品效用和实际价值的信息相对劣势地位，很容易出现虚假宣传、夸大宣传，实现超高利润的交易。当然，也有可能会为了竞争而补贴降价，让顾客"薅羊毛"。总之，顾客对产品的真实价值并不了解，由于信息完全掌握在渠道手上，可以起盘很快，当然很多时候，这类渠道的交易就是一次性的，顾客没有忠诚度（如各大电商平台）。

还有一种方式就是通过解决信息不对称赚钱。渠道不但主动将产品的实际效用、价值等真实地展现给消费者，还能给消费者提供售前咨询、售中顾问、售后服务。其收入是通过服务实现的，不是通过产品售价差额获取的。这种交易多数都是收费比较稳定、透明，消费者黏性较高，交易频次更高（如外卖平台）。

作为企业，我们怎么选？

给面子的核心逻辑是合作共赢

小宝作为采购员，需要整天和供应商打交道。虽然小宝的职位不高，但供应商都很重视，接待他的基本上都是经理、总监，甚至是供应商老板。对此，小宝总是觉得不安。供应商如此重视，他一方面觉得受宠若惊，另一方面害怕别人议论自己和供应商的关系不正当，但好像又不能限制供应商的接待规格。这种感觉真不好受，小宝又去请教大宝。

小宝：老板，我们应该怎么处理和供应商的关系呢？

大宝：公司有采购政策啊！

小宝：我不是说那些官方利益问题，我担心会处理不好与供应商之间的人际关系。

大宝：怎么说？

小宝：平时供应商对我们采购员很尊重、很客气，虽然彼此之前没有私人利益关系，但是我们在谈判时好像总有点不好意思对他们太强硬。

大宝：你太幼稚了，还需要多锻炼。

小宝：……

大家都说中国是"面子社会"，做什么事情都要留一线，给面子,因此很容易把"中国式打交道"中的"给面子"当成暗箱操作、潜规则。其实"给面子"的核心就是让对方觉得亏欠、有负担,从而在以后的合作中获得更大的"照顾",而不是占便宜。"面子思维"是合作的思维,不是输赢的思维。我给了你面子,你应该回我以照顾;我们不是你争我夺、决一胜负,而是彼此让步、和气生财。

当然,如何把握面子的分寸也很重要,稍有不慎就会出现利益输送,成为贪腐的借口。

所以在现实工作中,尤其是打工仔,还是少谈面子,多讲流程。

消费者投诉是一粒尘还是一座山

小宝刚刚收到客服的投诉报告,里面有不少关于产品的消费者投诉。其中,有对产品香型不满的,有对产品包装颜色不满的,有对物流配送时效不满的。小宝头都大了,赶紧找各个相关部门商量解决方案。可是研发、包装、物流等相关部门都给出种种理由证明自己没有错。小宝只好硬着头皮找到客服经理一一回应,客服经理毫不客气:消费者是"上帝",不应该全力满足吗?

小宝:老板,我最近收到消费者投诉,不知道怎么处理。

大宝:将这些投诉分分类,让相关职能整改啊!

小宝:沟通了,问题是无论是产品设计参数还是质量安全好像都找不到缺陷,大家都觉得没问题啊!

大宝:没问题?我觉得是大家的意识有问题。

小宝:……

消费者投诉一直以来都是各个公司关注的重点,但是真正引起相关部门关注并能提供解决方案的少之又少。原因很简单,要看投资回报率。如果影响的是质量安全的投诉,大家绝对重视,必须召回整改。但如果是少数人的体验、感受的投诉,估计就是敷衍、安抚了事，绝对不会为此大动干戈。毕竟在工业化规模生产的年代，任何产品的变动都需要付出巨大的代价，更关键的是，就算满足了少数消费者的需求，那其他消费者会不会有进一步的意见呢？凡此种种带来的成本和困难，绝对会让企业望而却步。于是，对于消费者投诉的处理往往就成为公关能力的大比拼。

切实解决消费者的诉求所需要的可能不仅仅是商业行为，更是社会责任。

物流成本测算的尴尬

小宝在准备新产品成本的测算，产品成本主要包括研发、材料、生产、物流等方面。刚开始的数据收集和计算都很顺利：先假定需要生产的总需求，产品研发费用就直接将总费用分摊到总需求；原材料的费用就更简单直接，根据BOM（物料清单）算就好；生产成本有点复杂，要考虑MOQ（最小订购量），但一般总需求都比MOQ大，直接分摊就好。但当计算物流成本时，小宝发现事情没那么简单。

小宝：老板，新产品的成本测算基本搞定，就是物流成本定不下来。

大宝：为什么？

小宝：我算了算，发现每件产品的物流成本非常高，快接近产品物料成本了。

大宝：不可能，我们的物流都是外包给市面上最大的物流商，价格都是最优的。

小宝：我也觉得很奇怪，但我们是按合同报价算的。

大宝：合同是按每件产品来报价的吗？

小宝：……

物流运作也有 MOQ。MOQ 基本上是由市面上运输工具的载货能力决定的，即运输工具的体积、载重利用率决定了物流成本。所以，目前市面上除了距离外的运输报价主要分整车价和零单价，快递配送报价按重量和体积计算。但无论是哪种报价，都存在最低起运量的问题，即：只要配送单不超过 1 公斤，配送一瓶啤酒与配送一瓶茅台的成本是一样的，而物流成本在售价的占比差了一千倍；同样地，配送一盒牛奶和配送一箱牛奶（12 盒），如果重量都在一公斤以内，两者的物流成本一样，但是分摊到每盒牛奶上面的费用就差了 12 倍。

所以，当我们测算每件产品的物流成本时，必须做出最适合实际配送场景的假设，否则物流成本将极大地影响产品贡献率的计算。

物流成本测算需要考虑的因素有：订单的平均配送距离、平均配送重量，每单的配送产品结构比例（零售），运输方式的结构、运输距离，等等。

产业布局要重视本地化、区域化

海运价格暴涨期间，小宝作为计划员每天都在"救火"。那边进口原料因没有海运舱位而被迫滞留在出发港，这边则舱位不够导致物流中断，大量成品滞留在工厂。小宝差点崩溃了，太难了！看着自己的KPI（关键绩效指标）全部变红，小宝只好求救于大宝。

小宝：老板，我们海外仓库的产品最多只能支持一周了。长三角工厂由于没有订上出口海运仓位，原料一直没能供应上来，产线被迫停产，之前准备好的成品也滞留在码头出不去，怎么办？

大宝：赶紧启动珠三角的生产商啊！

小宝：生产商没问题，但没有原料啊！

大宝：赶紧去买啊！

小宝：原料供应商都在欧洲，现在海运价格暴涨，海运舱位非常紧张。

大宝：只有欧洲才有供应？

小宝：是的。因为这个产业都集中在我国长三角和珠三角，而关键原材料都是从欧洲进口的，而且用量不大，所以一般只从长三角入口备货，再分发到其他地方。

大宝：这次真是麻烦了。

工业化时代提倡产业集群化，在比较优势、规模优势的理论指导下，全国各地纷纷根据本地特点扶持、建立各式各样的产业集群，例如义乌的小商品产业群、东莞的电子元件产业群等。规模优势使我们有足够的竞争力占领全球的产品市场。当时流传着一个"真实的传说"，莞深公路上堵车三小时，直接导致全球的电子元件价格上升10%。我们对这种供应方式习以为常，直至遇到新冠肺炎疫情的挑战才发现，其实我们貌似强大的供应链，只要一个环节（如物流）中断，整个链条都将停摆。而且我们发现，这个链条由于高度的集群化，在地理上没有备份，所以一旦面对外部打击就变得极其脆弱。当我们一再追求规模优势的时候，完全忽视了风险管理。

在全球日益重视供应链安全的情况下，是时候重新审视一下我们产业布局的策略了。本地化、区域化的供应可能是新形势下我们不得不面对的选择。

内部企业机制解决的是运营效率问题，而不是要代替企业本身

最近通货膨胀非常严重，原料价格普遍暴涨，小宝非常担心供应的成本会快速上升，进而导致供应中断，于是赶紧找经销商抢货。由于该供应商是公司的长期战略合作伙伴，而且小宝通过各种途径了解到供应商在前期已经有所准备，囤了不少货，小宝非常有信心将货抢回来。可是，这次小宝失算了，供应商虽然对小宝非常客气，但是还是将库存按市场的高价卖给了其他客户。小宝非常气愤，觉得供应商太不厚道。

小宝：老板，供应商实在太令我失望了。

大宝：啥情况？

小宝：他们是我们合作多年的老供应商，大家一直互相帮忙。现在市场材料价格暴涨，他们竟然见利忘义，不肯给我们供货！

大宝：嗯，按市场价格走，其实不奇怪。

小宝：按市场价格走没有问题，给我们货就行。但是奇怪的是，他们老板好像也控制不了，一直向我道歉，说他们内部核算完全独立，所以他也是身不由己。

大宝：什么核算制度？

小宝：内部企业。

大宝：怪不得。他们内部将供应作为利润中心，谁出高价，就供应给谁，除非老板愿意贴钱。

小宝：……

内部企业机制非常流行，对于提升企业内部经营效率的确有非常重要的作用。通过独立核算，内部产业制度倒逼所有职能部门与市场价格对标，能迅速提升企业的经营活力和进取精神。但是采用这个机制的企业也会面临非常大的挑战，有可能出现内耗和错失战略机会。比如，当供应部门原有固定资产很庞大时，其折旧摊销占比将导致生产成本远超市场，在独立核算条件下销售部门不可能从内部采购，这样一来，虽然销售部门的利润提升了，但直接导致公司整体利润下降；再比如，当公司面对一个亟待发展的战略客户，想要用有竞争力的价格将其拿下时，可能受制于供应部门不肯降低内部交易价格导致拓客的失败。

所以，我们在使用内部企业机制时，必须有相应的配套组织和流程来保护企业的整体效益和战略目标，如统一的市场策略、统一的投资规划、统一的供应链等。

笑与刀

小宝一直在和 OEM（原始设备制造商，俗称"代工"）厂商谈判，面对日益加剧的通货膨胀，OEM 厂商坚持要涨价。但是小宝得到的指令是要压低价格，最起码要保持价格不变。双方僵持不下，小宝只好拿出"法宝"，将成本分拆表拿出来，跟厂商一项项地盘点。到最后，小宝竟然发现，原来 OEM 厂商的利润竟然只来源于人工管理和设备折旧，而占比较大的原材物料、能源基本上只能原封不动地吸收通胀的影响。

小宝：老板，OEM 的价格谈不下来。

大宝：为什么啊？他们去年的利润率是 10%，今年虽然有通胀的影响，但大家各让一步，利润率调到 5% 就达标了。

小宝：但是他们的利润基本上来自人工管理和设备折旧，而原材物料都是代采的，基本上没有利润。

大宝：那也可以降利润率啊，能降多少是多少。

小宝：但人工管理和设备折旧的占比不到 10%。

大宝：……

我们的 OEM 厂商长期以来都是靠低价走量的策略实现"野

蛮增长",貌似热火朝天,但长期处于"微笑曲线"的底端,赚着最微薄的利润,冒着最大的资金、库存、人员的风险。由于原材料、研发与品牌销售两端被卡,中间的加工商似乎无能为力,只能任人宰割。有没有例外呢？市值超千亿美元的Shein(中文名"希音",中国跨境电商公司)就给出了一个非常不同的答案。同样是制造业,同样是两端被卡,Shein靠着数字化的供应链整合能力,快速上新,以超低价格销售,受到市场的极度追捧,一举取代亚马逊占据美国购物APP下载榜单的第一名。

"武藏曲线"认为,只要能提升对市场需求的预测能力,通过快速反应的制造能力,加上集约采购能力,完全可以实现二刀流(砍向市场不确定性和采购成本),实现超额利润。

理论指引有了,方向清晰了,中国制造业该从工业化时代的"微笑"转成数字化时代的"挥刀"了！

"牛鞭效应"和精益管理

小宝最近在学习精益管理,其中包含很多工具、数据、分析,小宝有点头大,产生了很多疑问,于是请教大宝。

小宝:老板,精益管理非常细致,花费大量精力,但貌似产出(改善)不太明显,一般都是优化1%—2%,投资回报率会不会很低?

大宝:你学了什么内容?

小宝:主要是价值流分析。

大宝:非常好。按照你做的价值流分析,一个产品从采购到交付总共有多少个环节?

小宝:嗯,大概30—40个。

大宝:每个环节能提升多少效益?

小宝:很少,0—2%吧,而且得花很多时间和精力,很不值得。

大宝:你算算,如果每个环节能提升0.5%,30个环节下来能提升多少效益?

小宝:1.005×1.005×1.005……×1.005=1.16,16%的提升,太厉害了!

大宝：因为这是乘法效应。同样地，如果每个环节只做到99.5%，最后的结果就只有86%。这只是一个供应的流程，如果再串联起业务、市场、经销、财务、售后等流程，这个影响得有多大！

小宝：……

"精益管理"其实就是"牛鞭效应"在管理中的体现，数学表现就是"乘数效应"。在现实中，不止供应链的库存管理中存在牛鞭效应，在任何管理体系或流程中，牛鞭效应都发挥着作用。层级越多、决策流程越长、组织越细分，就越会使信息传递失真、效率乘数级下降。更可怕的是，其中任意一环一旦出现负效应，就有可能导致全链路的所有努力白费甚至招致反效果。

所以，精益管理就是通过应用大量的分析工具，分析价值流，最大限度地使全流程的每个环节不出错漏，提升效率，这是链式管理的必然选择。当然，另外的办法就是釜底抽薪，优化组织，减少层级和职能分工，使用数字化工具将流通环节尽可能压缩，降低流程传递出错的机会，让"听见炮火声"的敏捷小团队决策，这是为数不多可以确定的未来！

OEM 还是自产

公司准备推出一款新品,根据研发的说法,功效十分明显,市场营销也对新品上市的表现十分期待。小宝现在要为新品准备生产安排,需要做出选择:自产还是外加工。小宝分别找到外加工和工厂的负责人咨询意见,毫无悬念,外加工的同事建议 OEM(原始设备制造商,俗称"代工"),工厂同事建议自产,而且双方都言之有理,小宝陷入了两难。

小宝:老板,想请教一下。

大宝:啥事?

小宝:关于公司新品的生产模式如何决定的问题。

大宝:对公司最好的方案就好。

小宝:我咨询了两方的意见,外加工和工厂的同事给出的理由都很充分:外加工觉得外面 OEM 资源非常丰富,生产更成熟,成本更低;工厂觉得自己生产肯定便宜,而且还更安全可控。好像大家说的都在理。

大宝:看看 NPV(净现值)吧。

小宝:……

OEM 还是自产,在质量安全得到保证的前提下,很多企业的第一反应就是成本比较。其实如果纯粹从成本的角度比较，OEM肯定比自产便宜。成本的主要构成包括直接材料、直接人工、管理成本、利润、税费、物流、折旧等。从以上这几个主要成本来看，OEM由于规模大，必然在材料、人工、物流、税费、折旧方面有优势；而自产主要的优势在于不用考虑利润，目前中国外加工整体利润率在5%左右（参考上市公司年报），综合比较而言，绝大部分情况下还是OEM成本占优。

但是如果从净现值现金流角度考虑，可能上面这种情况就会改变。在企业不需要额外投入资产的条件下，企业的折旧和摊销会随着自产增加而变现，在财务上既不影响整体制造成本，又体现为增加现金流，这对公司运营至关重要。

所以，自产还是OEM的问题，不是简单的采购问题，而应该是公司经营决策的问题。

专业锻炼

成本中心为什么要转变成利润中心

小宝在协助大宝准备明年的预算，其中包括不同职能部门准备的不同项目。由于最近市场环境不太好，财务要求各职能部门必须准备好各个项目的 ROI（投资回报率），否则不予审批。由于很多供应链项目没有办法直接与财务指标挂钩，小宝发愁了。

小宝：老板，明年我们很多项目可能开展不了。

大宝：为啥？

小宝：财务要求 ROI，但很多项目提供不了。

大宝：例如？

小宝：例如关于质量提升的，关于环保的、安全的，还有关于试用装的自动化设备的，等等。

大宝：这些项目的确很难提供 ROI，因为这些都是基础建设支持，不直接产生销售。

小宝：那怎么办？

大宝：换个角度思考，从成本角度变成利润角度。

小宝：……

在现实工作中，的确存在着大量对于公司运营和管理非常重要但又不直接产生业绩的项目或投资，如何评估其 ROI 非常困难，往往只能通过定性或由领导拍板来决定。这里面的核心问题就在于人们常常把这些项目及投资当成生产经营成本，因此其回报必须和销售业绩挂钩。但如果我们换一个思路，把这些项目或投资当成服务，由与业绩相关的职能部门进行购买呢？这些项目或投资马上就变成与收入直接挂钩，定量的评价就非常方便。举例如下。

质量投资：由销售购买，质量原因导致的退货将直接影响销售，而销售购买的这个质量服务将大幅降低退货率，提升销售业绩。

安全环保：由生产职能购买，用以降低停工、罚款风险，提升生产效率，降低生产成本。

试用装：由营销购买，提供性价比更高的体验装，让营销活动触及面更广、效率更高。

从"成本中心"到"利润中心"角色的转变，不但让很多投资更透明，评估更有效，而且促进了内部竞争，让后勤职能感受前线的压力，更加努力地改进和优化。

——因为赚钱还是要比花钱更难。

专业锻炼

流程设立的目的是保障公司利益而不是个人利益

小宝最近负责包装物料采购,物料开发过程按照正常流程,从设计、选供应商、定稿、签墨、试产、审批等环节走下来,起码需要3—4周。而且这段时间市场环境不太好,营销中心需要马上推出新包装提振市场士气,因此要求赶在端午节前上市,这就意味着包装物料的采购必须要在一周内完成。营销中心找到小宝,并向他推荐了包装供应商,只要小宝选用这个供应商,时间上肯定来得及。但小宝犯难了:直接用指定供应商,好像违反采购流程;但如果不用,他就很有可能完不成营销中心的任务。

小宝:老板,我遇到难题了!

大宝:啥事?

小宝:营销中心想使用指定供应商。如果不用,我怕赶不上新品上市,影响公司业绩;但如果用,可能会违反采购流程规定。

大宝:对你来说,哪个更重要?

小宝:当然是合规更重要,因为如果违规,就是我的责任。

大宝：如果从公司的角度看呢？

小宝：……

其实大多数采购员面对这样的情况时，都会毫不犹豫地遵守采购流程，这没有任何可指责的。因为公司赋予采购员的职责中本来就要求合规地甄别供应商，而且后面还有审计在"虎视眈眈"，从保障个人的职业安全来讲，肯定不能冒险违规。

但当下的现实是业务变化非常迅速，市场机会转瞬即逝，业务、营销、采购、生产、配送稍微反应不过来，公司分分钟就会面临巨大的机会损失。而稳定、严密的流程管理很有可能适应不了新形势下的发展需要，如果一味坚守，员工可能不会犯错，但公司可能会有损失。

当然，公司运营风险和个人职业风险如何平衡，也很不容易。所以，当采购员要做决定时，必须考虑以下几点。

1. 公司文化是否鼓励突破常规，鼓励员工试错。
2. 突破现有流程是否对公司最有利。
3. 必须事前向上级、财务、审计报备。
4. 事后要主动邀请财务、审计复盘。

专业锻炼

"一把手工程"的核心就是打破"部门墙"

小宝最近非常烦躁。公司业绩下滑导致很多报废、积压产品要处理,每次向公司申报费用处理,小宝都要被财务同事质疑:为什么明知生意不好还要生产这么多产品?双方大眼瞪小眼,仿佛都是因为小宝没管理好,公司经营才雪上加霜。其实小宝憋着一肚子的委屈,因为这些产品的销售预测都是销售市场提供的,而且是按照年前预测的目标来定的。每当小宝要求销售市场根据每月销售更新预测时,得到的答复往往是销售市场的职责就是毫不动摇地追求目标,前面落后了后面就要补回来,至于怎么排产、怎么预测节奏,那是供应链的事。小宝气坏了。

小宝:老板,销售市场根本不讲道理。

大宝:怎么了?

小宝:他们总是不肯提供月度销售预测,现在完全是靠我们根据历史数据进行猜测。

大宝:准确率如何?

小宝:不好。营销活动、业务推动、渠道反馈、产品教育、季节变化、消费行为演变等因素都会左右我们预测的准确度。而这些信息及其影响力只有销售市场能判断，如果他们不提供，我们就是"盲人摸象"。

大宝：有道理。走，我们找老板去，产销协同本来就是"一把手工程"！

小宝：……

公司，尤其是上了规模的公司，特别容易出现"部门墙"，即部门与部门之间权责分明，指标清晰，各自为政，各不负责，表面上是深耕专业，实际上是"圈地为王"。在专业分工的幌子下，壁垒出现了，当遇到要跨部门协同的工作时，各个部门只会从自己部门利益、权责出发，导致项目推进寸步难行、公司整体目标难以达成，最后只好把CEO（首席执行官）或者创始人搬出来裁决，还美其名曰"一把手工程"。当看到这招好使，所有公司级的难题和项目都争先恐后地抢着戴这顶帽子，确保领导亲自出面支持。因此，"一把手工程"遍地开花。

但是，"一把手工程"越多，企业的组织越有问题，"部门墙"越厚。要打破这堵墙，必须做到以下几点。

1.各部门的权利必须与责任挂钩，而责任必须和业绩挂钩。

2.各层级的管理岗位必须轮岗，只要不是特别的技术岗位，理论上都应该轮岗，特别是高层管理者，换位思考的前提是要"换座"。

3.要有试错机制，积极授权、鼓励创新，同样要有复盘、审计工作，以确保"秋后算账"。

创新就一定要补贴和激励吗

小宝在准备公司的创新项目。为了让项目更有创新性,小宝特意召集了几位"Z世代"的小伙伴,希望能通过年轻的头脑碰撞,激发出创新的火花。但是折腾了好几个月,项目好像没什么进展,小伙伴们也开始出现疲态。看着大家士气日益低落,小宝也有点沮丧。

小宝:老板,我们的创新项目很难搞下去,怎么办?

大宝:为什么?

小宝:项目成员都是兼职的,大家同时兼顾本职工作,很辛苦。

大宝:你有什么建议?

小宝:要不考虑给项目组补贴、激励,以提升大家的士气?

大宝:嗯。当初大家为什么要参加项目?

小宝:因为大家都想创新,改变世界啊!

大宝:嗯,什么补贴能比梦想更能激励士气啊?

小宝:……

很多公司为了鼓励内部创新,不断地给条件、出政策,觉得只有特殊补贴、特殊环境才能吸引真正的人才,才能更进一步推动创新。但实际上，在优越条件下产生的创新都经不住市场的考验。我们看到，很多影响巨大的创新其实都不是通过补贴、激励而刻意培育出来的。例如苹果、华为、阿里巴巴、腾讯等大型公司，他们成功的共同点是创新者有使命感和明确的目标，面临非常激烈的市场竞争，也无一例外都经受过市场上生与死、冰与火的终极考验。只有真正通过市场检验、赢得市场认可的创新才能留下来，获得巨大的成功。

创新成功的核心来源就是生存压力，只有面对生死的压力，创新才能转化为澎湃的动力，企业才能在竞争中实现逆袭。

专业锻炼

预算要"活用"而不能"死磕"

临近年底,小宝开始准备预算,这已经是小宝第三年统筹各职能部门做预算了。每年做预算,大家都非常紧张,有的希望多争取项目费用,有的希望明年不要减少费用,还有的希望获得更多活动经费,等等。小宝心里明白大家的想法,但实际上他也知道,其实无论大家怎么争取、如何解释,到了财务口,就只看公司目标,凡是未达到公司业绩利润要求的,便无差别地直接"挥刀"。

小宝:老板,关于预算,有件事我一直没想明白。

大宝:啥事?

小宝:我们每年辛辛苦苦地做预算,要预测,又要假设,还要准备行动方案,足足忙上一个月,有必要吗?

大宝:不搞清楚,我们的预算怎么能通过财务的审核?

小宝:问题是,财务最后还是会按他们的意思一刀切的,我们解释也没用啊!

大宝:万一财务不切呢?

小宝:……

由于预算涉及费用的分配和拨付,公司的所有职能部门在

111

做预算时都会全力动员起来，希望能争取到更多的份额，让自己的职能部门过得更舒服。所以，很多预算都是为了迎合财务、为了获得财务认可而准备的，例如虚报投资回报率，夸大与业绩、利润的直接关系等。每个职能部门都强调自己的需求多么合理、多么不可或缺，让财务部无法分辨也无法排序，最终的结果就是一刀切，按去年的实际费用统一按比例分配。

这就形成了一个恶性循环：该投资的地方无法获得支持，不该花的钱为了明年申报的基数而拼命挥霍，最后公司的运营效率受到严重影响！

要走出这个怪圈，必须应用零基预算，从实际需求出发，通过一系列假设，导出最终预算。这个预算是"活"的预算，因为预算必须是基于一系列能被客观获取的假设（如通胀、产品结构、订单分布、汇率、人效、设备利用率、损耗、库存水平、服务水平等因素）推算出来的。当假设条件发生变化，预算自然也会变化，这样对于指导实际的公司运营才真正有帮助。

问题是，零基预算对于业务能力、管理能力要求非常高（建模能力、数字化能力、业务流程等），具备这些能力的人有多少呢？

专业锻炼

供应链管理实质是"三流合一"：资金流、产品流、信息流

疫情持续导致的经济下滑及俄乌冲突带来的输入性通胀，使得很多企业尤其是中小企业由于需求下降、供应受限，资金链的压力越来越大，随时都有断链的风险。小宝非常担心，通过最近对各个供应商的调研，他发现情况的确不容乐观。而且这些企业中，有的是长期合作的战略伙伴，有的是有核心技术或掌握关键原料的企业，短期内很难替换，小宝感觉非常为难。

小宝：老板，我们的一些中小型供应商出现了资金紧张，供应风险已经出现了。

大宝：明白。大环境不好，这是难免的。你有什么建议？

小宝：我觉得无论在感情上还是技术上，短期内我们很难更换他们，当务之急可能是协助他们渡过难关。

大宝：不错，关键时刻就要同舟共济。你打算怎么办？

小宝：我觉得我们可以从货款上为他们提供支持，如增加预付、缩短账龄等。

大宝：可以，但怎么保证我们的货款不会被他们挪用呢？

小宝：……

资金流管理是供应链管理中的重要一环，但往往容易被忽视。原因是，在传统认知上，资金流是财务管的，物（产品）流是供应链管的，人流是人力资源部门管的，商品流是销售市场管的，信息流是信息技术部门管的。但实际上，产品流、信息流和资金流是密不可分的，供应链中如采购、生产、交付等各个环节都紧密结合在一起。在上面的例子中，只要采用供应链金融的技术，按照以下几个步骤，供应链管理职能就能非常轻松地实现对供应商支持资金的专款专用。

1. 上下游供应商进入供应链金融的体系（开账户、登录APP）。

2. 银行完成对采购方的授信。

3. 交易行为全部上网，银行按交易完成流程付款。如小宝向供应商提供的支持货款不会直接打入供应商账户，而是在供应商的上游供货商到货确认后，将供应商应付账款直接付给上游供货商，实现专款专用；当供应商完成生产后，小宝再将余额打入供应商账户。

以上过程通过信息技术的加持（流转、监控、征信、授信），可以将信息流、资金流、供应流完全同步，实现精准、有效的管理。只有"三流合一"，供应链管理才能真正体现其对企业运营的核心价值。

专业锻炼

向小企业学习治不了大企业病

小宝正在和几个供应商进行产品改良方案的研讨。由于产品改良需要配方调试、功效验证、上机测试等非常多的环节,小宝为了这个项目的申请做了很多准备工作,逐个与职能部门去谈、去谋共识,前前后后花了好几个星期才搞定。但是和供应商交流时,小宝被他们的效率震惊了:打版试样一天、测试一天、功效验证七天,产品供应商几乎只用了小宝申报项目时间的一半就完成了所有项目。这让小宝挺感慨的。

小宝:老板,我发现我们的供应商效率实在是高!

大宝:怎么说?

小宝:给他们的邮件信息,他们基本上能秒回;让他们跟进的事项,基本上不会超过 24 小时就能收到他们的回复。

大宝:这些公司可能规模较小,组织没那么复杂,所以沟通比较简单、直接。

小宝:唉,什么时候我们公司也有这么高的效率就好了!

大宝:以前我们公司效率也是这么高的。

小宝:……

大企业病一直困扰着许多规模企业。初创之时，企业人少事少，大家一起为生存而战，有任何业务机会都全力以赴，不分彼此（也没有足够的人手），迅速回复客户，及时完成工作。业绩上涨后，业务更多、更复杂了，必然需要复杂的能力来处理，而复杂的能力往往需要通过设置更加复杂的组织结构来实现。复杂的组织结构必然导致工作流程复杂、缓慢，所以大企业病是能力需求和组织结构之间的摩擦造成的。而小企业由于能力需求和组织结构简单，自然没机会得"病"。

所以，大企业有反应慢、流程长的弊端，但同样有资源丰富、品牌溢价、人才储备、产业能量（与政府、上下游供应商）等优势。要治大企业的"病"，不是简单地回到小企业的状态，简化能力和组织，而是要继续加强人才的能力提升，通过强化人员的复合能力和组织的数字化转型，实现组织结构的简化，减少组织摩擦，大企业病自然不药而愈。

专业锻炼

我们需要的是工匠还是工匠精神

小宝作为ISO（国际标准化组织）审核员，按计划到工厂进行内审。从办公室到车间，再到饭堂，小宝认真地按照标准检查了每个关键节点和流程。检查的结果还算满意，各项指标都基本上达到要求。但是，在生产线上，小宝发现工人们的操作有点随意，同样是装吸管的工位，感觉好像每个工人的注意力和认真程度不一样。联想起最近客户投诉产品是否漏放吸管的问题，小宝不禁在想：比起日本，我们是否缺乏工匠精神？

小宝：老板，我们要好好培训工人。

大宝：噢，有什么建议？

小宝：现在客户对产品质量要求越来越高，我们的工人技艺也要精益求精。

大宝：有道理。从哪方面培训工人？

小宝：我觉得工人们缺乏工匠精神，我建议将他们打造成工匠。

大宝：有志向。但是要花多少钱才能打造一个工匠？

小宝：……

我们从德国了解了不少关于工匠精神的故事，既有做锅具的、锻造剪刀的百年传统企业，也有要求转46圈螺丝绝不转45圈的现代设备制造企业，大家一致认为德国的高质量产品就是得益于这种一丝不苟的、专注的工匠精神。而"中国制造"要赶超德国，好像也必须充分学习这种精神。

聪明而实际的企业家们当然希望自己的工人个个是工匠，把自家的产品打造成出类拔萃的产品，从而赢得市场。问题是，工匠的待遇要不要提高？该提高到什么程度？

我们现阶段的产品，无论从品牌力还是产品力来说，都还无法支持我们全面地大幅提升工人的待遇水平，更何况在设施设备数字化、智能化的时代，以中国作为"世界工厂"的庞大体量，可能设计发明自动化机械设备比培养工匠效率更高、速度更快。

当然，我们必须提倡工匠精神，这是持续改进的动力来源。

平台大促的"退烧"也是社会的"帕累托改进"

"618"活动结束了,小宝终于松了一口气,毕竟所有的直播和其他活动都按照计划顺利完成了。经历了好几天加班加点的深度工作,小宝本来应该好好休息,放松一下,但看着今年的销售成绩,小宝却怎么也高兴不起来。最近几年,"618""双十一"大促活动的效果好像越来越差,小宝觉得自己一年比一年努力,但业绩好像没有什么提升,他非常失落。

小宝:老板,明明我已经很努力了,又直播又大促,为啥今年"618"效果这么差?

大宝:其他友商呢?

小宝:也差不多,比去年跌了不少。

大宝:那应该是大环境的问题吧?

小宝:但是今年也少了很多友商参与大促,竞争少了,按道理我们的销售额应该增长啊!

大宝:那你觉得为什么这么多友商不参与"618"大促呢?

小宝:……

从 2012 年开始，对于消费者而言，每年的"618""双十一"就像"狂欢节"，在各路商家的疯狂打折支持和平台极致的交付服务下，消费者享受着前所未有的购物体验。每年大促的 GMV（一段时间内的成交总额）都在高速增长，貌似繁荣热闹，但背后是社会总福利的损失。

消费者：冲动消费、过度囤货，但其实没有薅多少"羊毛"。

供货商：为了避免得罪平台方、防止对手侵占市场份额，只能提供更大力度的折扣，无利可图，一旦面临退货就会亏损。

平台方：各平台"寡头"垄断竞争，互相比拼补贴和物流基建，相当于花钱买 GMV。

最后的结果是，消费者被教育得越来越理性，供货商被压迫到退出平台，平台方被反垄断，因此大促的"退烧"是必然的。但是，从供应链的角度来看，这种大促活动的"退烧"对社会生产秩序的恢复极有好处。

1. 生产供应更加平稳，避免了剧烈波动带来的生产效率损失。

2. 避免了物流大促前爆仓、大促后空仓产生的大量浪费。

3. 生产、物流配送人员能正常工作，不必连续通宵达旦，用身体甚至生命拼业绩。

4. 产品价格更加平稳，厂商利润有保障，自然更愿意做远期规划，继续投资。

但是瑕不掩瑜，大促活动客观上促进了整个社会的消费体验升级，带动了营销、物流、信息、生产的技术创新和发展，不断挑战极限，从这个角度来说，这也是社会的极大进步。

专业锻炼

用互联网思维管理工厂

按照工作计划，小宝最近要去拜访一个头部供应商。由于平常都是去供应商的办公室进行拜访和交流，小宝对工厂的印象都是停留在 PPT 上，这次小宝希望能参观一下工厂。供应商当然马上配合安排，小宝穿上了 PPE（个人防护设备），在生产管理人员的陪同下进入车间参观，到进料、处理、包装、堆垛等各个岗位都走了一遍，总共花了一个多小时。参观结束，小宝极受震撼，回来后迫不及待地与大宝分享。

小宝：老板，现在的工厂实在太先进了，车间里黑灯瞎火，根本看不到人。

大宝：嗯，这是"黑灯工厂"，先进制造的代表。

小宝：生产自动化可以理解，但输送、搬运物料总要人吧？

大宝：所有的物料传输都是通过机器人视觉拣选、AGV（自动导引运输小车）传送，整个场内物流可以做到"无痕"。

小宝：自动化"武装到牙齿"的工厂，成本肯定很高，有竞争力吗？

大宝：如果是工业制造时代，的确不划算，但在互联网时代就不一样了。

小宝：……

在工业时代，工厂一直被看作后方、供应基地，工业生产追求工艺稳定、质量可靠、生产高效。但在互联网时代，工厂与市场、消费者的距离不断缩短，对供应的反应速度越来越快。工厂作为供应链的重要一环，要跟上时代的步伐，就像现代足球，连守门员也要升级，兼具后卫的功能。要实现工厂管理的升级，互联网思维必不可少，包括以下几点。

1.用户思维：工厂要有用户思维，从用户使用场景出发，提供质量、包装、使用合适的产品。

2.大数据思维：通过物联网、5G、AI（人工智能）算法等工具采集、分析、计算、优化生产流程、能耗、损耗、质量。

3.生态思维：管理者与员工、工程师与工人、供应商与工厂等所有的关系都要重构，彼此要成为合作伙伴，而不再是上级与下级、甲方与乙方的关系。

以上三点是互联网思维的核心，我觉得同样适用于工厂，可以使其对市场及时做出反应，提升客户的体验。

专业锻炼

正和博弈

最近物价飞涨，通货膨胀剧烈，很多大宗商品价格飙升，小宝在下PO（采购订单）时越来越担心，如果这种情况持续下去的话，今年的成本预算将无法实现。小宝赶紧把核心的供应商召集起来共商对策。谁知，会上供应商纷纷大吐苦水，解释上游原材料供应商如何大幅提价，而自己已经是拼命降低给小宝的报价，成本压力都是自己在扛。小宝听着大家的发言，有点不知道如何表达让供应商降价的想法，非常尴尬。本来想要降价的沟通会变成了涨价的"控诉会"，小宝郁闷了。

小宝：老板，我错了。

大宝：啥情况？

小宝：本来想开供应商会议，商量降成本，减轻公司压力，现在变成每个公司的诉苦大会，大家一起发难想要涨价，早知道就不开了。

大宝：大家都说要涨价？没有例外？

小宝：对啊！基本上都说成本一直在涨，挺不住了。

大宝：成本上涨是事实，但有没有供应商能坚持不涨？

小宝：嗯，我倒想起来，好像有一家态度是比较中立的。

大宝：去深入了解一下，可能这一家就是我们的机会。

小宝：……

成本上涨、通货膨胀是显而易见的，如果单从每个供应商来看，这些成本的上升是很难仅靠双方进行消化的。但是，如果我们能从产业、生态圈的角度看，这其中可能就有不少机会。

1. 单独与每个供应商谈，就是"零和博弈"。不是买方让步，就是卖方让步，要不就是各让一步。虽然通过谈判实现了均衡，其实总体利益还是减少了。

2. 如果从整个产业来看，让产业内的供应商联合起来，利用规模优势，通过集中采购等方式，降低交易成本、提升议价能力，通过效率提升消化成本上升，这种方式对大家的利益没有损害。

3. 再进一步，如果从生态圈的角度看，将上下游统筹起来，通过短中长期的规划，平缓波峰波谷，提升整个生态圈的生产效率，不但可以消除成本上升的影响，而且有可能让成本进一步下降，逼近"帕累托最优"。

以上三种合作分配方式从个体到产业链，再到生态圈，可以用"正和博弈"理论来解释，其实现的关键是如何保证分配机制的合理性和被执行的有效性。

目前，若想实现上述合作分配方式，依我看来，必须从行业的龙头企业开始，前提是这些"龙头"志存高远，不追逐蝇头小利。

专业锻炼

攀比效应和虚荣效应

美国某网红汉堡品牌在广州开店,售卖的汉堡价格是一般汉堡的两倍左右,但依然门庭若市,和当年的喜茶一样,一般要排队两小时才能进入门店,每人限购3个。小宝由于曾经在美国留学,对该品牌非常认可,一直期待在广州能吃上当年的"最爱",但排队时间实在太长了,外卖也买不了,他非常郁闷。同时他也感到非常奇怪,这个汉堡品牌在国内的知名度应该不大,价格又挺高,为什么还有这么多人排队?小宝想不明白,于是向大宝请教。

小宝:为什么大家愿意排这么久的队,买一个不算便宜的汉堡呢?

大宝:因为需求多,排队体现了供需关系。

小宝:是因为满足了大家对食物的需要吗?如果只是满足对食物的需要,那么人们花两个小时排队估计要饿晕了吧?

大宝:满足的是他们的攀比心和虚荣心。

小宝:……

所谓"攀比效应"和"虚荣效应"指的是经济学上的概念

（不是贬义），即外部效应。

"攀比效应"指的是如果消费者预判一件时尚商品购买的人会越来越多，那么自己对该商品的需求就越大，拥有该商品的动力就越大，如冬奥会期间的冰墩墩。当然，消费者最终会因为知道已经有多少人拥有了该商品，而降低自己的购买意愿，或者商家降低商品的价格，如现在降价的喜茶。

"虚荣效应"则刚好相反，消费者希望的是独享商品，如定制跑车、艺术品等。消费者预判拥有该商品的人越少，他越有购买的意愿，越愿意付出更高的成本。如有些奢侈品品牌，就很好地运用了虚荣效应，在销售某些特定或限量款式的商品时，搭售其他价格高昂的货品，并美其名曰"配货"。

这个网红汉堡店很好地运用了攀比效应和虚荣效应进行定价和限购，非常成功！

专业锻炼

互联网时代为什么还需要中间商

小宝这个月收到了公司发放的分红，一直心心念念的买车计划终于可以提上日程。由于预算有限，小宝决定去买二手车，但在各大平台逛了一圈后，发现很难找到合适的车，既怕买贵了又怕便宜没好货，于是找大宝咨询。

小宝：老板，我想买一辆二手车代步，但很难做决定，怎么办？

大宝：为啥？现在很多二手车平台都标榜不赚差价，应该挺划算的。

小宝：是。但我自己是新司机，很难判断车的好坏，不知道是否值得，不敢买。

大宝：平台上不是都有清晰的信息和数据吗？为啥不敢？

小宝：是有很多数据，但我看不懂……

二手车市场是典型的"柠檬市场"。买家和卖家直接沟通时，由于卖家的信息通常比买家更多、更准确，所以买家通常会报一个比自己的心理价位低的价格，落地还钱，而卖家也估计买家会杀价，必然会开高价，然后双方不断地讨价还价。买家认为自己被骗的可能性越来越高，所以出价越来越低，与实际价值距离越来越远，最终导致交易无法完成。

要成交，就必须解决买卖双方信息不对称的问题，尤其是买方如何才能完整地获取产品的信息并有能力做出最优的决定。特别是汽车、医药、保险等比较专业的产品，必须让专业的第三方进行评估、解释、说明，以消除买方的担忧，否则买卖双方无法互信，导致成交失败。

当然，如果是教育成本很低或者大家有明确认知的产品，那么直接交易更有效率，如电、水等公共产品。

所以，只要是存在认知差别、教育成本高的产品，使用专业的中间商、中介人可能是促成更有效率的市场交易的关键。从这个角度来看，中间商、经销商不可能消失。

供应链工作的核心就是计划

按照供应链人才发展的安排,小宝需要在不同岗位进行轮岗。由于在供应链中研发、生产、设备设施、质量等技术岗位需要较为专业的知识,不适合所有同事轮岗,所以小宝主要在物流、计划、采购、精益等管理岗位实习。轮了一圈下来,小宝觉得各个岗位都挺重要,要学的东西也很多,但有一件事他一直没搞明白,趁着实习述职的机会,小宝赶紧向大宝请教。

小宝:老板,我发现物流、计划、采购、精益、生产、质量、研发、质量等职能部门好像都很独立,技能要求也有很大差别,为什么同在供应链组织之下?

大宝:因为这些职能是一环扣一环,前后衔接在一起的,所以在供应链下统一管理。

小宝:如果是这样,业务、市场都是为了实现销售,为什么不安排在一起?

大宝:因为业务、市场的目标对象不一样。业务管理的是渠道,市场管理的是消费者需求。

小宝:懂了。那供应链相关部门的目标对象是什么?

大宝:是产品。供应链在合适的时间、地点为消费者提供合适的产品。

小宝：明白。如果说业务的核心是通过渠道产生推力，市场的核心是通过品牌产生拉力，那么供应链的核心是什么呢？

大宝：你说呢？

小宝：……

供应链的实质是端到端，从需求到交付的流程管理。其核心思想就是实现合适的交付，包括合适的地点、时间、数量、质量、成本。要实现"合适"，必须有强大的基础设施，包括完善的服务网络、先进的设施、可控的质量管理等，但更重要的是计划和库存。由于供应链的流程较长，"牛鞭效应"非常明显，所以做好计划十分关键，这是"合适"供应的核心。而当计划失灵或者变得不确定时，库存就是唯一的补救办法，当然这是要付出成本的。

可以看到，研发、生产、采购、物流、质量等供应链职能，都是在计划的指挥棒下发挥自己的作用。

要做好计划，必须做好以下几点：树立按产品端到端计划的思想，不要分段式计划；要求计划"整体最优"代替"局部最优"；积极引入机器学习、大数据分析，利用系统快速试算；实施最低值库存策略（以中间品库存代替成品库存，以原料库存代替中间品库存，以期权代替原材料库存）。

一个好的计划员能胜任任何一个供应链职能部门的管理工作。

专业锻炼

为什么电商 9.9 元就能包邮

小宝轮岗到物流部，负责配送商管理，正在做节日促销的准备工作。这段时间，小宝不断地受到来自市场部、销售部、财务部的压力，大家都说，为什么物流配送成本这么高，别的电商平台可以 9.9 元包邮啊？小宝非常郁闷，找大宝倾诉。

小宝：老板，大家都说我们的配送成本比电商高太多，让我找供应商把配送成本谈下来，但我怎么都谈不下来。我实在想不明白：电商平台的配送成本怎么这么低？

大宝：你分析过电商的物流配送成本吗？

小宝：分析过了，电商的商品按最低的市场价计算：调拨费 + 仓储费 + 配送费，为每千克 2 元—3 元，纸箱也要 1 元—2 元，合计 3 元—5 元。而且产品是外购的，加上平台维护的成本，如果 9.9 元就包邮，还能赚钱？

大宝：他们的确不赚钱，甚至亏着卖。

小宝：我不信……

的确，电商的互联网属性使过往工业时代的市场竞争模式发生了巨大的变化。工业时代，价格是由市场决定的，不同企业间的竞争是产量竞争，即通过产能的扩充或收缩来实现与市场需求的匹配。而由于产能（产线、设备）的投入和收缩都需要较长时间，因此很难存在绝对垄断寡头，因此企业采取的策略必然符合"边际成本＝边际利润"，不可能亏本卖货。

但对于互联网企业，由于产能（服务器、设备）的投入非常容易，而且产品的边际成本极低（几乎没有，针对一万名用户和两万名用户的销售成本差别不大），所以必须要迅速扩大市场份额，尽可能地抢占更多用户、更多收入——只有规模足够大才能赚钱。所以，互联网企业可能会以零成本甚至负成本销售产品，只有销售规模（一段时间内的成交总额）足够大，带来的边际利润才能"转正"。

这种商业行为还可以用经济学理论中以价格竞争为策略的伯特兰德模型来解释。该理论解释了为什么互联网企业一直采用低价补贴策略，在巨额亏损（2021年滴滴、美团亏百亿）的同时，还有很多投资人争先恐后地追加投资。

有趣的是，伯特兰德模型建立于1883年，竟然可以用来解释当今的经济现象，不得不说该模型具有科学性和广泛性。

专业锻炼

产销协同的悖论

由于国内外的"黑天鹅""灰犀牛"到处游荡,大宝、小宝所在公司的销售业绩也非常一般。为此,作为生产计划员的小宝,非常苦恼。销售市场部为了扭转颓势、实现业绩增长,使出浑身解数,各种促销活动如直播、赠买、升级、代言、上新等层出不穷。年前按产品做出来的预算改了好几十版,现在已经面目全非。所有的销售需求基本上都没时间论证,小宝根本拿不到靠谱的产品销售预测。但所有营销活动都有档期安排,为了让活动顺利进行,小宝只好完全凭经验来凑计划,结果可想而知。小宝实在没办法,只好去请教大宝。

小宝:老板,现在整个销售市场的节奏变化越来越快,销售市场部根本没有按供应链要求提供靠谱的销售预测,我们现在只能凭经验猜,做起来非常困难。

大宝:不是有产销协同会吗?会上没有对销售预测达成共识吗?

小宝:有是有,但所有的销售预测都是销售额,根本不知道什么产品在什么时候要卖多少。

大宝:追问他们啊!

小宝：没用，他们只对销售总额负责，卖什么产品对他们而言根本不重要。

大宝：那怎么办？

小宝：我只好将每个产品的库存水平提上来。

大宝：但万一卖不好，会产生大量报废的。

小宝：我也知道啊，但如果库存不足导致断货，我们供应链的压力就更大了，更会被市场骂死啦！

大宝：……

产销协同（S&OP）是一个非常好的沟通流程，其出发点是通过销售（sales、marketing）和营运（operation、finance）之间的协同，共同形成对公司最有利的销售及供应计划，跨越部门的利益障碍，实现公司利益最大化。

在实际操作中，真正形成共识非常困难，核心在于谁对销售预测负责。

销售部只考虑销售额，至于是通过卖出A还是B实现的，根本不重要。最重要的是不能断货，想卖随时随地都有货。

市场部考虑的是品牌，所设计的项目或活动要使推广产品的销售额或关键产品的利润率达标。

供应链关注的是什么产品在什么时候需要以什么成本生产多少，对供应链来说，关键是控制合适库存。

财务部关注的是销售总额和总利润指标，产品销售的组合非常重要。

四个强力部门指标互相影响，但又各不相同，要统一目标非常困难，通过拆解，最后发现能统一四方的只有具体到产品的销售预测。

销售部：只有从下到上，按SKU（最小存货单位）销售预测汇总，才能确定最终的销售总额。

市场部：有了按SKU的销售预测，才能精准地知道投放多少资源，从而控制产品的利润率。

供应链：由于供应交付周期的存在，必须提前按产品的销售预测节奏来准备。

财务部：只有通过按产品销售预测的加权组合，才能对公司经营收入和利润做出预测。

最后，四部门统一在产品销售预测计划上，制定共同目标，并为之奋斗。

极易懂的供应链管理日记

厂商、渠道必将统一在C端

小宝在分析最近的销售预测报告时，惊喜地发现刚上两个月的销售预测系统非常厉害，对比传统的人工预测有明显的提升。而且随着机器学习的深入和持续，相信预测的准确度将会越来越高。在高兴之余，小宝也陷入深思，这算是机器的胜利吗？

小宝：老板，我们新上的预测系统上个月的预测准确度超过了人工预测。

大宝：这是好事！

小宝：但是，我是有些困惑。

大宝：你说说看。

小宝：我们绝大部分产品是通过经销商销售的。一直以来，经销商的行为都很难捉摸，必须靠计划员逐一沟通协调才能确认当月目标，机器是怎么掌握这些规律的呢？

大宝：机器比人聪明。

小宝：不可能，算法都是人写的。

大宝：可能是经销商变了。

小宝：……

以前中间商的主要价值体现在渠道通路、业务拓展方面，由于销售的压力，压货、折让、甩货、窜货等行为层出不穷，而且很多行为是临时决定或不能曝光的，严重影响了厂商对真实销售情况的准确判断，使得销售预测变得非常困难。但进入互联网时代后，万物互联互通，信息越来越透明，以往靠渠道不透明而盈利的模式走不下去了，厂商为了平衡线上线下的价格不会轻易压货和补贴，因此经销商的日子越来越难过，唯一的生存方式就是提升效率，通过更高效的渠道营销、配送、回款来盈利。而要提升效率，经销商必须更加精准地预测市场走势和产品的销售，从而指导产品的进销存。

正因为越来越多的经销商回归到效率竞争的赛道上，大家的行为越来越趋同，都以满足消费者的需求为出发点，最终厂商才与渠道和解了，统一在消费者需求（C 端）上。

而 C 端预测恰恰是机器学习、深度学习的预测系统的强项，所以厂商通过 C 端预测系统对 B 端销售的判断必然越来越准确。

极易懂的供应链管理日记

智能质量是智能制造的关键

小宝最近很忙。临近年底，很多供应商都在赶工，以满足订单需要。小宝公司接到的订单也很急，很多物料都需要加急催单。但是，恰恰在这样的关键时刻，很多物料出现了质量问题：有到货后被检出质量问题的，有在途破损的，有上线后被污染的，有印刷出问题的……林林总总的问题让小宝焦头烂额。更麻烦的是，很多物料是独家供应或海外供应，存货本来就很紧张，要是补货的话，得等上好几个月。小宝快被催疯了。

小宝：老板，我搞不懂了，为啥突然出现这么多质量问题，供应商有问题，我们自己生产也有问题。

大宝：年底爆量，大家这是忙中出错。

小宝：问题是我们不能错，销售市场一直在追着我们，太难了。

大宝：补货来不及吗？

小宝：我已经安排紧急生产和空运了。

大宝：那应该可以啊！

小宝：问题是到货后我们还有一系列检查，最少需要两周。

大宝：好吧，你去说服质量职能部门，让他们紧急放行吧！

小宝：……

我们在做智能制造的时候，往往会将注意力放在节约增效、柔性制造上，其实有一个环节很容易被忽略，就是 QA（质量保证）和 QC（质量控制）。QA 和 QC 都是为保证产品质量而存在的，作用非常大，既是企业合规的保证，也是产品品质的保障。但是，这种合规和保障不是免费的，而是有着很高的成本，具体而言，有显性成本和隐性成本之分。显性成本包括检测周期、检测成本、人工成本、物耗成本等，隐性成本包括部门间的沟通成本、采购成本、销售市场的机会成本等。

由于智能制造的优势是小批量多批次、灵活转线，所以质量固化、刚性成本在智能制造的实施中将会被放大，严重影响智能制造的效益。

要突破，就必须实现质量的智能化，具体要关注以下几点。

1. 数字化检测，让检测数据在上下游能及时传递和交换。
2. 检测数据互认。这一点最难，需要统一检测标准和流程。
3. 实时监控数据，实现异常报警。
4. 全流程追溯，可以通过数字标签或生物标签等手段实现。

只有实现"智能质量"，智能制造才能插上腾飞的双翼。

极易懂的供应链管理日记

如何体现计划的价值

小宝接手计划工作有大半年了,但是工作起来还是有些力不从心,感觉太累了。每次需求计划、生产计划、采购计划、库存计划、调拨计划的调整,小宝都需要与不同的职能部门沟通协调,甚至有时还要"连哄带骗",否则一旦别的职能部门不配合,计划就无法落地。正常的计划尚且如此,当遇到意外事件就更不用说了,比如销售量突然暴增至预测的5倍,唯一的进口原材料到货后发现不合格等,小宝必然成为全公司最"上蹿下跳"的一个,到处求爷爷告奶奶地解决问题。每次遇到这种情况,小宝都觉得痛不欲生。

小宝:老板,我要调岗。

大宝:为什么?

小宝:计划不是人干的,太受气了。

大宝:你受什么气了?

小宝:所有的计划都要靠相关职能部门落地,我们只能协调沟通,总要求人办事。

大宝:计划是总指挥啊,大家都跟着你做的计划行动,这有什么可受气的?是别人受你安排、受你气吧?

小宝:问题是各个职能部门都会质疑我们的计划,业务营销说我们预测保守、MOQ（最小订购量）太大，工厂说我们转线频繁影响效率、MOQ太小，财务说我们库存太高影响现金流，仓库说我们的库存波动太大导致仓库利用率低，物流说我们的调拨计划时间紧、成本高……

大宝：他们说的都很有道理啊！

小宝：……

计划最难的地方就是其工作介于务虚和务实之间，务虚是指计划本身就是预测未来，要预判、推断，要"纸上谈兵"；务实就是在"纸上谈兵"之后，还必须兼顾计划落地，当计划履行出现问题时要协调解决。问题是所有的行动必须依托其他职能部门完成，其他职能部门为什么要听指挥？计划完成了，成绩归谁？

别无选择，基本上大多数计划员只能将身段放低，将成绩归功到各职能部门，自己就领一个协调员的功劳。

长此以往，计划工作无人重视，计划员本身也没有成就感。要改变这种状况，核心是要提升计划工作本身的技术含量，通过建模、仿真等工具将不同职能部门的计划整合为一体，并引入AI（人工智能）算法，及时地对不同场景、不同参数下进行一体化计划的模拟寻求最优解，倒逼不同职能部门进行优化改善。

计划工作是跨职能部门的，从业者必须在精通各业务的同时具备产品一体化计划能力，单靠Excel电子表格打天下的时代过去了，计划必须依靠AI。

极易懂的供应链管理日记

线性的产品开发很难出爆品

小宝最近连续承接了三个新品上市的项目，这三个新品都是研发部门费了九牛二虎之力才研发成功的，无论是功效还是体验感，大家都一致认可，所以大家满怀信心，觉得这三个产品中至少有一个能成为爆品。可是，事与愿违，三个新品上市后连续遭遇销售"一日游"，远远低于销售目标。事后复盘发现，有的是宣传教育不到位，有的是质量不稳定，有的是渠道反对，有的是成本过高，等等，小宝非常纳闷：明明都是好产品，但为啥"命运多舛"呢？

小宝：老板，连续三个新品上市都失败了，我不想干了。

大宝：你先别这么着急，有没有进行复盘？

小宝：复盘了，各种问题都有。这些产品在研发时明明好好的，上市前也通过了各职能部门的风险评估，但最后还是出问题了。

大宝：风险没有识别出来吗？

小宝：识别出来了，但是研发部门说这些风险有解决方案，风险可控。

大宝：你相信研发能解决营销、教育、生产、渠道、定价问题？

小宝：……

一般企业的产品开发是线性的，"接力式"做产品，从研发开始，经过配方、剂型、功效、包装，再到小试、中试、量产、定价、教育、推广上市等，一棒接一棒，环环相扣。表面看起来没问题，流程完备，但为什么还是很难出爆品呢？原因正是这种线性的开发流程导致每个职能部门各管一段，当任何一段出现问题时，整个产品就会出现问题。比如，研发的博士们倾向于先进技术的应用，但太前沿的技术很可能导致生产时产品质量不稳定；渠道明明需要一款性价比高、教育成本低的产品，但市场职能可能为了品牌形象故意提高产品的定价，让渠道很难销售。凡此种种，都使公司资源内耗，很难形成合力打造爆品。

要破局，必须从选赛道开始，各个职能部门（包括市场、营销、研发、供应）组成团队，将产品可能遇到的所有问题甚至生命周期设计出来，在研发之初就最大限度地甄别风险、解除风险，如果实在不能达成共识和解决问题，提早放弃也是对公司资源最大限度的保护。

这就是组织优化的效益所在。

极易懂的供应链管理日记

ChatGPT 的恐怖之处是 Chat

ChatGPT（一款聊天机器人程序）一度非常火爆，网上讨论的热度非常高。有的人认为，人工智能已经步入新阶段，很快就能大面积取代人工，现在大部分的工作岗位不久后就要消失。有的人认为，这款 Open AI（一所美国人工智能研究公司）研发的 ChatGPT 和其他 AI（人工智能）没啥大区别，也需要编写一系列的逻辑，然后通过程序应对，和现在的深度学习型 AI 没有明显的差异。小宝抱着好奇的心态下载了一个 APP 玩了两天，作为供应链从业者，小宝想研究一下这个人工智能能否帮助公司提升供应链的运营。

小宝：老板，您知道 ChatGPT 吗？

大宝：知道啊，这是现在很热门的话题之一。

小宝：老板有没有用过？

大宝：有。你呢？

小宝：我也下载了。这两年我们一直在发展数字化供应链，我想研究一下这个人工智能能否对供应链提升有所帮助。

大宝：我觉得它有非常大的帮助。

小宝：可是我们也有很多数据模型、模拟工具、学习方法，ChatGPT 和这些有什么不一样呢？

大宝：这个工具太像人了。

小宝：……

在数字化时代，任何一家企业运营都离不开软件、模型、管理系统等种类繁多的数字化、智能化工具，这些工具往往涉及非常多的专业知识、逻辑、经验等，一般人短时间内很难了解、操作，所以企业必须雇用具有不同专业背景的专业人士进行操作、维护、管理。目前这些知识、逻辑、经验正在被智能工具逐步代替，但是这些分析结果如何理解、如何应用还是需要受过长期训练的专业人员判断。ChatGPT 的出现，可能会将这种专业壁垒打破，即使未经过专业训练的人员也能轻易得到答案和建议。

例如进行采购寻源，之前是专业采购人员根据经验选择可能影响供应商的选择因子输入系统，通过大数据抓取不同的运算方案，然后对比分析得出建议。整个过程非常依赖采购员的个人经验和业务能力。但如果有了 ChatGPT，可能一个非专业人员就可以通过一步步对话，直接调用后台庞大的数据库轻松实现采购的目标，这种拟人对话完全可以绕开专业人员通过数十年的学习和经验积累建立起来的壁垒。如果这个场景成立，大量从事模式化、程序化、标准化工作的专业技术人员将会失去工作。

可能科技进步留给我们的时间真的不多了。

正向设计才是企业产品研发的未来

小宝正在构思一款新产品，通过参考国内外流行的爆品，小宝有了自己的想法。于是，小宝找到了研发部门的同事，将自己的想法给研发工程师详细讲解了一番。听完小宝的介绍，研发工程师觉得起码需要三年左右才能完成原型设计，小宝一听就着急了，心想三年后这款产品可能都退市了。小宝脑筋一转，建议工程师参考海外产品模仿一个，工程师却对此嗤之以鼻，小宝"凌乱"了。

小宝：老板，我们的研发太差了！

大宝：不会啊，我们的研发工程师都是公司花重金挖过来的高学历、高职称人才。

小宝：开发个产品需要三年，这速度怎么能适应市场的需求变化？

大宝：研发有周期，急不来。

小宝：明明可以"抄作业"，为什么还要自己捣鼓呢？

大宝：作业抄得好就能学习好？

小宝：……

逆向工程能力建立起来比较简单和快速，当企业的产品发展采取跟随路线时，这个能力十分实用和有效。但如果企业想走技术领先的路线，通过建立产品的壁垒和"护城河"实现竞争优势，就必须建立起自己的正向设计能力和正向设计师队伍。

与逆向工程师的精准工程能力不同，正向设计师最大的特点就是拥有想象力和大量的基础技术储备，这是正向设计能否成功的最重要的保障。

要评价一个企业的研发水平，正向设计的研发人才储备是非常重要的指标，因为这才是企业的未来。

极易懂的供应链管理日记

质量管理要有投资回报率观念、端到端思维

小宝最近在处理一大堆产品和原料报废，由于金额不少，每项报废都要做出详细的解释。处理报废要准备资料，小宝就要不断询问采购、生产、质量等部门，要求他们给出合理的理由。在沟通的过程中，小宝发现一个很奇怪的现象，质量部门认为大部分的报废都是质量不达标造成的，但是采购、生产部门却认为是质量标准过度造成的。

小宝：老板，这个月又有500万库存要报废了。

大宝：啊，怎么又这么多？

小宝：质量部门说这些都不合格或有风险，建议报废。

大宝：没办法，公司的质量文化就是100-1=0，我们严格遵守。

小宝：但是采购部门和生产部门都说这些报废库存其实质量挺好的，不比外面市场的差。

大宝：那质量部门为什么要建议报废啊？

小宝：……

质量问题困扰着中国企业多年,"中国制造"以前是价低质次的代名词,国内也爆出多个相关的社会问题,因此最近这十多年,从国家到企业都非常重视产品质量,制定红线,严防死守,产品质量得到大幅提升。但是也出现了一些矫枉过正、过度管理的情况,如用药品的质量标准要求食品,用食品的质量标准要求化妆品,用化妆品的质量标准要求小家电……其实公司的质量管理并不是越严越好,而是应该结合公司的实际需要、国家的法律法规和行业的标准,制定相应的管理原则。企业的质量管理应做到以下几点。

1. 充分了解产品的使用场景,评估实现营销宣传的产品体验的可能性。

2. 充分了解渠道属性,评估产品在渠道中的质量风险。

3. 评估、比较召回成本与提高质量的成本。

4. 对标同行产品的质量标准。

5. 质量政策要匹配公司品牌、形象策略。

6. 质量标准必须从研发阶段开始制定。

7. 质量部门要给出改善建议,不能只当反对党。

其实最难的是最后一点,如果能突破技术能力的限制或者风险意识的固化,质量管理能力将毫无悬念地成为企业的核心竞争优势。

极易懂的供应链管理日记

距离集采的爆发可能就差了一个区块链

小宝作为采购员,最近非常烦恼,很多物料的采购都很困难,尤其是由于业绩下滑,采购量也不断下降,与供应商的谈判越发艰难。更可气的是,大宝一点都不体恤下属,还是不断地给指标压力。小宝受不了,直接找到大宝。

小宝:老板,我不干了。

大宝:为啥?

小宝:公司的业绩下滑,我们的采购量也在下跌,供应商已经不把我们当成重点客户了,你给的目标我实在完成不了。

大宝:哎呀,我们采购的方法有很多:给供应商"画饼"、提升MOQ(最小订购量)、预付、阶梯价、锁定价格……

小宝:老板,没用的,我都试过了。现实就是我们的采购量跌得太厉害,由于全球供应吃紧,他们要优先供应VIP客户。

大宝:这简单,我们去找个VIP客户,抱人家大腿去买啊。

小宝：问题是人家凭什么给我们抱。

大宝：……

对于大多数中小企业而言，单独面对头部供应商时，往往由于采购量不足，没有办法争取到优惠的价格，甚至只能通过代理商拿货。要降低成本基本上只能通过预付、提升 MOQ 等方式获取，这无疑让本来经营就没有优势的中小企业雪上加霜。因此很多中小企业都想通过集采（团购），争取供应商的最大优惠。但现实中很难实现。原因主要是以下几点。

谁是团长？牵头谈的企业必然付出额外的成本。

条款怎么谈？包括付款方式、时间、MOQ 等问题。各家企业的经营节奏各有不同。

队友也是对手。集采中可能会出现数据保密等问题。

所有的问题集中在是否能按劳分配、按贡献分配，同时还要保障各自的数据安全。可能区块链加持的集采平台是一个解决方案吧。

相信这片蓝海将很快迎来"独角兽"！

极易懂的供应链管理日记

供应商也要"门当户对"

一年一度的供应商甄选工作就要开始了,小宝和同事们都非常忙碌,既要对现在的供应商进行绩效评估,也要根据公司的最新策略和市场环境变化淘汰和引进不同的供应商。工作中最难的部分就是制定新一年的供应商准入标准,评估维度通常有成本、服务、质量、技术、付款等,但是这些维度的权重往往会有调整,这时候如何定权重就是最大的挑战。

小宝:老板,今年的供应商准入标准如何调整?

大宝:你觉得呢?

小宝:今年好像经济不太好,我们还是以成本优先吧。

大宝:嗯,有道理。但是正因为市场不太好,是不是更应该选服务履约能力强的供应商呢?否则业务市场辛辛苦苦拿到的订单流失了就很可惜。

小宝:但服务水平高的供应商,成本可能也相对较高,怎么选?

大宝:我们成年人不做选择题,都要!

小宝:……

采购工作最大的挑战就是如何平衡成本和服务,所谓"一分钱一分货",尤其是服务,无论是物流、配送还是售前、售后的支持,都直接和成本挂钩,而且服务水平、能力受环境因素影响大,往往在采购谈判时很难做出准确的预判,因此采购员通常会优先以成本为主要条件选择供应商。但成本最优的策略通常只能是一次性或短期行为,因为报价时可能会出现双方理解偏差,或策略性忽略服务成本的情况。无论哪种情况,都会导致双方日后在需要服务配合时产生大量的纠纷,从而使同一供应商很难顺利续约。这也意味着采购部每年需要投入大量人力、物力重新招投标,对双方都没有好处。

要解决这个问题,首先不能将供应商作为一次性交易对象,从一开始筛选就要以对长期合作伙伴的要求来考察。

1. 要能同甘共苦,能做到遇上危机时让利互助,环境转好时利润共享。

2. 要"门当户对",给供应商的份额最好占其体量的10%—30%,份额太低不受重视,份额太高风险太大。

3. 要三观一致,在公司文化、价值观、经营策略上达成共识。

只有做到这三点,才能是实现与供应商真正意义上的长期合作、共同发展,实现双赢。

供应商管理的核心是借力

"借力"是小宝所在公司的重要文化，其核心思想就是不一定所有能力都要自建，可以通过合作协同将别人优秀的专长为我所用，从而实现快速的突破。这也是公司很重要的采购逻辑。但现实中，当小宝与供应商沟通时，往往供应商会要求小宝给他们更多指引，给他们赋能。虽然小宝也明白很可能这些供应商都是在讲客气话，但讲多了，小宝好像也觉得自己应该给供应商赋能。

小宝： 老板，我发现我们的供应商都有这样或那样的问题，我们应该好好培养他们，给他们赋能。

大宝： 哦，给哪方面赋能？

小宝： 管理能力、组织能力、质量管理能力、数据系统……

大宝： 这么复杂。我们为什么要供应商？

小宝： 当然是要弥补我们不擅长和没有能力做好的领域啊，如原材料供应、仓库、运输、快递等。

大宝： 我们都不擅长，还怎么给他们赋能？

小宝： ……

在供应商管理中，采购部最容易从管理的角度看待供应商，本能地将供应商当成下属，每每在沟通谈判时，必然居高临下，以上级指导下级工作的姿态展现在供应商面前，教训着供应商，且美其名曰"赋能"。当然，通常供应商也是配合默契，多方感谢。

实际上，这完全违反了采购的逻辑。采购的对象是企业缺乏的资源或能力，企业通过市场比较选出最合适的供应商，然后让这些供应商帮助公司实现运营目标。因此实质上，采购代表公司借力于供应商，管理供应商的方向也应该是尽量获取其能力为我所用。

如果将供应商管理当成是采购向供应商"赋能"，让供应商改变，那就是本末倒置。当然，对于某些行业，全行业的供应商能力都不能满足企业要求，企业对其进行辅导改造，则另当别论。

团队建设

一个人可以走得很快，但一群人才能走得很远。如何组建团队、管理团队、培养团队、送走团队？作为主管的小宝面对着更大的考验。

市场化才能真正留下有用之才

最近有不少猎头联系了小丽，都希望能挖走小丽。作为小宝的好朋友，小丽偷偷地向小宝分享了自己的情况。小宝既替小丽高兴，同时也若有所失，为什么自己没有猎头找呢？小宝虽然没有离职跳槽的打算，但也想了解一下自己的市场行情。于是小宝就注册登录了多个网站，开始收集信息。

大宝：小宝，你最近是不是有什么想法啊？

小宝：没有啊。老板您什么意思啊？

大宝：最近好像你在多个招聘网站都注册了吧？

小宝：啊，您怎么知道？我只是想去了解一下，不是想跳槽，请老板放心。

大宝：不要担心，我只是问问。

小宝：老板应该也是经常登陆招聘网站吧，这么快就被您发现了。

大宝：……

员工经常留意招聘机会或收到猎头电话其实非常正常。虽然很多企业尤其是人力资源部门非常警惕员工对招聘机会的搜寻和与猎头的接触，往往将这些当作员工不安心工作的苗头，并处处加以防范，如监控网站员工信息更新情况，或与猎头签订隔离条款等。

但其实从另外一个角度看，如果有猎头主动联系自己企业的员工，就直接证明该员工受中介认可，有市场需求，也间接证明其能力。对公司而言，这是对人才最好的市场化检验。同样的，员工主动或定时获取市场的招聘信息，可以了解最新、最热门的市场需求，有上进心、有学习能力的员工必然会从中找到自己的差距，从而积极提升、改造自己，以适应市场需求，这间接帮公司对员工进行了能力评估。这些市场行为和信息都是对公司和员工非常有帮助的。

当然，不否认有员工会因为猎头的鼓动或得到更好的工作信息而选择离开，但这不是猎头和信息透明的错。在数字化时代，不可能通过信息封锁防止优秀员工流失，或压榨员工的待遇，只有接受和提供符合市场规律的人才待遇，才是真正的留人之根本。

极易懂的供应链管理日记

灵活用工才是员工最大的权利

小宝开开心心地过了个"六一"儿童节后,今天继续加班。因为按照惯例,5月的工厂绩效报告要在6月的第1周完成数据收集及分析,因此小宝一边吃着肯德基的儿童套餐,一边从SAP(一款企业管理软件)取数分析。这个月的数据比上个月好不了多少,人均产出和设备利用率还是偏低,制造成本继续增加。小宝回顾了上个月的分析报告及行动方案,发现行动方案基本上都执行了,而且行动目标也达到了,但是业绩继续下滑,固定成本的占比反而越来越高,绩效改善无法实现。

小宝:老板,上个月的绩效还是没达标,这个月的行动方案要怎么写啊?

大宝:"跑冒滴漏"控制了吗?转线时间减少了没?

小宝:这些上个月都做了,而且效果不错,已经达到预期目标。

大宝:那为什么绩效还是不好?

小宝:因为业绩继续下滑,而且人工、厂房、设备这些固定成本分摊后还是太高。

大宝:厂房、设备的折旧是完全固定的,唯有在人工上看看如何改善。

小宝：啊，不是要裁员吧？

大宝：不一定要裁员，可以优化。

小宝：……

所有企业中，固定成本的占比一直是成本管理最头痛的问题。大部分固定成本有两个属性：一是规模效益，二是流动性差。如果是在业绩增长的时候，固定成本的规模效应属性让总成本不断下降；但遇上业绩下滑，固定成本同样蚕食大部分利润，而且短期无法降低。固定成本中除了厂房、设施设备，还有人工。人工成本比较特别，本质上没有规模效益，也方便流动，那为什么还是固定成本呢？因为有劳动法。劳动法对于劳动者的工作场所、时间、地点、工种、保险等有着严格的规定，能对劳动者起到非常好的保护作用，但同时也可能"扼杀"劳动者的工作机会。例如，有些劳动者希望在本职工作之余能继续参与社会上的其他工作，在同一企业内法定工作时间后想主动加班，甚至希望在不同企业的不同岗位错时上班……然而，基于目前的相关配套法律法规，上述情况难以实现。

如果我们要最大限度地释放劳动者的积极性和工作潜力，必须真正保障劳动者灵活就业的权利。

极易懂的供应链管理日记

用 KPI 还是用 OKR

又到月初,小宝在忙着准备月度总结。最近公司在推行 OKR(目标与关键成果法),大宝布置了很多任务给小宝。这样一来,小宝要准备不少数据。一边是新的 OKR 进度反馈,一边是预算 KPI(关键绩效指标)的要求,感觉很多内容都是重复汇报,但两者的格式、标准等要求又不同,小宝有点不知所措。

小宝:老板,KPI 和 OKR 究竟有什么区别?

大宝:这个问题好大啊,啥情况?

小宝:我觉得 KPI 和 OKR 很相似,都是定目标,然后考核进度,都用 SMART 原则(一种企业管理原则,包括明确性、可衡量性、可实现性、相关性、时限性五大原则),感觉两者并没有什么区别。

大宝:KPI 和 OKR 从形式上讲没有很大的区别,但出发点和作用不一样。

小宝:不都是用来为难员工的吗?

大宝:……

传统企业管理中惯常使用 KPI 工具,其出发点是确保大家统一目标，行动划一，掌控进度。但新势力企业现在都在推行OKR，特别是互联网创新企业尤其推崇。两者之间究竟有何区别？

KPI从预算出发，追求符合度；OKR从目标出发，追求结果。

KPI定指标，通过数据监控进展；OKR找关键路径，定检验指标。

KPI一般考核周期比较稳定；OKR快速迭代，不断尝试。

KPI一般按组织职能分配指标；OKR跨越职能，只考虑负责人。

KPI组织上下对齐，整齐划一；OKR可以完全独立考核。

KPI适合聚焦；OKR适合"赛马"。

所以，KPI和OKR的差别还是非常大的，但没有优劣之分，只有是否合适。就算同一个企业，也可能在不同发展阶段使用这两种不同的工具。

极易懂的供应链管理日记

我们该给谁加薪

小宝这几天惴惴不安，每年的四月是公司调薪、分红的时候，今年的经济环境很不好，很多大厂都大幅裁员，不知道自己的公司会不会受影响。小宝好几次碰到大宝想打听，大宝总是顾左右而言他，避而不谈。性急的小宝越发怀疑，平日里大宝总是快言快语，现在鬼鬼祟祟，肯定在打什么坏主意。小宝越想越觉得不对劲，在一天中午直接敲开了大宝办公室的门。

小宝：老板，我能知道今年调薪和分红的结果吗？

大宝：别急，按公司规定，过两周你自然就知道了。

小宝：老板，如果对我不满你就直接说，不要遮遮掩掩。

大宝：啊，为啥这样觉得？

小宝：现在外边环境不好，公司业绩也受影响。我又是新员工，工龄短，业务没有老员工熟悉，肯定轮不上加薪分红啦！

大宝：嗯，有道理，但不对。

小宝：……

现实中，"大宝"们都遇到这样的问题——经济不好，调薪资源有限，我们应该如何分配呢？通常有三种：普调，按比例提升；按考核（绩效、年资）；以上两种混合。

但从经济学的角度看，以上调薪方式都不对。

收入有替代效应。调薪，就是增加收入。对于劳动者而言，收入与闲暇是一个替代关系（工作时就不能闲暇，闲暇时就不能工作）。收入越高，闲暇成本就越高，所以收入越高的劳动者越不愿意加班，而相对低收入者的加班成本就会较低，更愿意加班。给高收入者加薪，变相增加其闲暇的成本，可能使其更加不愿意付出更多的工作时间。

收入服从边际递减效应，同样加薪1000元，底薪为5万元的大宝波澜不惊，但底薪为3000元的小宝肯定笑逐颜开。

尽管从实际效用上来看，给低薪者加工资才是最优选项，但实际上考虑到个体的差异、心理作用、公司文化等社会性因素，"大宝"们还是多数采取上面三种调薪方式。

而为了体现公平，政府就使用累进计税法，从另外一个角度实现重新分配，间接实现分配最优解。

极易懂的供应链管理日记

数字化时代的管理真的不一样吗

小宝在准备报考在职研究生，专业方向有几个选择：管理科学与工程、工商管理、人力资源管理等。小宝一直觉得管理是组织和领导行为，在日常观察中，他感觉管理就是沟通、汇报、任免等处理人与人之间的问题，而且很多时候管理结果与个人的性格、喜好密切相关，而科学是客观、可重复、可预测的，为什么有"管理科学"这样的说法呢？

小宝：老板，管理究竟是科学还是艺术？

大宝：你觉得呢？

小宝：我觉得管理更像艺术。

大宝：理由呢？

小宝：领导的管理行为多数都是随心所欲，很难预测，怎么看都不像是科学。

大宝：你是在"内涵"我吗？

小宝：……

管理三要素：管理者、被管理者、管理职能。其中，管理者和被管理者的关系就是人和人之间的关系，处理管理者与被管理者之间的关系时，需要的是管理的技巧和沟通能力，这部分更像是艺术。三要素里最关键的变量是管理职能。回顾过去百年的历史，管理职能一直随着时代、社会的演变不断更迭、进化。而且管理职能背后的管理理论的迭代和进化，也像科学技术一样一直引领着时代的变革和进步。下面列举几个我们现在还在实践的管理理论的产生时间及提出者。

1.1910—1920年，工作量的衡量，福特、甘特等。

2.1920—1940年，组织、经理的职能，斯隆等。

3.1940—1950年，质量控制、统计方法，戴明等。

4.1950—1970年，企业、战略，德鲁克等。

5.1970—1990年，竞争优势，波特等。

6.1990—2000年，精益管理、创新、不确定性，克里斯坦森等。

以上耳熟能详的管理工具对我们今天数字化时代的企业管理依然影响深远，依然是我们在现实工作中非常重要的管理工具和理论指导，这体现出管理理论的前瞻性和可重复验证性。从这个意义上讲，管理是科学的。

送走优秀的同事，才能吸引更优秀的人才

小宝做了主管后，通过公司新生代计划，在几年里招聘了几位非常有潜力的毕业生作为团队的培养对象。经过这几年的精心呵护和严格训练，新生代们逐步走上了更高阶的工作岗位，他们优异的工作表现、充满朝气的工作作风让老同事们非常欣赏。小宝很高兴，毕竟这是自己亲自培养的成果。但是新生代们似乎并不安于现状，最近连续有两位新生代向小宝提出辞职。明明自己对他们如此用心，为何他们还是要离开？小宝心里有些郁闷。

小宝：老板，昨天又有一位新生代提出辞职。

大宝：哦，她在公司发展得挺好啊，刚刚才得到提拔，为啥要辞职？

小宝：据说新公司许诺给她的工作内容的层次和职级都有大幅提升，而且新公司还是行业头部企业。

大宝：那就无法避免她辞职啦。

小宝：但是，我们这几年花了这么多时间和心血在她身上，如果她走了，我们的努力就白费了。

大宝：换个角度想，她能得到如此好的 offer（工作机会）不仅仅是因为她个人的努力，也是我们培养人才的能力得到市场认可的体现。我们不但要祝福她，更要谢谢她。

小宝：……

很多主管对于下属的离开，尤其是优秀下属的离开，往往耿耿于怀。的确，如果是自己花几年时间下大力气培养的优秀人才被更好的平台用更好的条件挖走了，换谁都不爽。但是这些优秀同事的跳槽，尤其是有更好发展的跳槽，其实会对留住企业的其他同事和有潜在意向想进入这一企业的人才有非常正面的激励作用。试想一下，在没有雇佣终身制的今天，我们选择企业除了考虑待遇、喜好以外，非常重要一点是企业能否让自己成长。通俗讲，我们选企业就好像高考后择校一样，最好能低分进，高分出，希望企业能像名校一样有点石成金的加工能力。

所以优秀的同事找到更好的工作，既能吸引更多追求卓越的优秀人才加入，因为他们期望得到更好的培训和成长；也让能留下的同事更稳定，因为他们通过同事的成功事例增强了对公司培养人才的能力的认可，同时转换工作的期望值也会被提高。

名校培养了学霸，学霸吸引了高分考生，高分考生提升了名校的门槛……

这才是"人才飞轮"正增长的正确打开方式。

极易懂的供应链管理日记

感动人心的只能是人心

小宝作为"90后"的单身一族，每天在职场上奋力拼杀，加班加点，一天三顿都是外卖，除了工作以外好像也没有太多自己的生活。久而久之，小宝开始厌烦工作了。虽然公司一直以来以人为本，关注员工的感受，为员工提供非常好的办公条件，但长期高强度的工作，实在很难让小宝满意。特别是现在双职工家庭难以兼顾工作和家庭，因此，公司马上推出了托儿服务，还没成家的小宝却大受感动。

小宝：老板，咱们公司真是太棒了。

大宝：当然，我们有最好的办公场所、健身房、天台花园、瀑布流水景观……

小宝：这些都很好，但我们平时都很忙，很少使用这些休闲娱乐设施。

大宝：这些都是公司花了大价钱为员工投资的，没有几个公司能提供。

小宝：嗯，这些硬件让我们员工很自豪，但是好像没有这次公司推出的托儿服务更让我们感动。

大宝：哦，但是好像你没有这个需要啊。

小宝：我的确没有这个需要，但我能感受到公司对员工需求的真正关心和用心，这非常让我感动。

大宝：对，感动人心不能靠套路，只能靠人心。

小宝：……

每个企业为了让自己成为最佳雇主，常用的方法就是来"硬"的：投放办公设施、设备，包括提供健身房、瑜伽室、沐浴间、零食间、茶水间、免费餐饮等。通过解决员工本身的需要让员工更好地留在工作岗位安心工作。这些"硬"投资不难，只要有资源，每家公司都能提供。但是由于员工除了工作角色外，还有家庭角色，实际上对于公司提供的"硬"福利，员工能充分享受的不会太多，而且员工的家属也没有从中受益。如果企业能减轻员工家庭角色带来的压力和负担，这感动的可不只是员工个人，员工的整个家庭都能被触动。这才是真正感动人心的好雇主。

老板的能力不能成就基业长青，胸怀才能

小宝作为采购主管，主要工作之一就是去拜访不同的供应商。无论是潜在的还是长期合作的，小宝都要进行定期调研。其中有家供应商的高管让小宝感觉非常奇怪。这家供应商是小宝所在企业的战略合作伙伴，已经合作了将近 20 年的时间，创始人是"70 后"，白手起家，目前业务资产有 20 亿以上。这家供应商的老板五六年前就将总裁之位转给了自己培养的一位核心高管，三年后这位高管又将位置让给了另一位同期进公司的高管，现在这位高管继续将位置转给一位"85 后"的接班人。而且这两位退下来的前总裁不是退休享福和"另起炉灶"，而是继续为企业在新的赛道、新的领域重新创业。小宝实在不明白这几位这么有能力的高管为什么要如此折腾。

小宝：老板，我觉得这个创始人好厉害。

大宝：当然厉害，否则怎么可能白手起家，短短十几年打造一个 20 亿体量的公司。

小宝：不单单是业务能力，而且人家培养人才好厉害。

大宝：这点的确厉害，几任接班人都很优秀。

小宝：而且这几位前总裁交棒后没有离开公司，而是自己从头再来，继续为公司打造"第二曲线"，这得是对企业、对创始人多么忠诚啊？

大宝：这是创始人的胸怀决定的。

小宝：……

能白手起家，说明创始人本身肯定是非常优秀、能力非常强的，但是单靠自己，很多时候会受到个人的身体、精力、认知等方面的局限，公司走到一定的阶段发展就会遇到瓶颈。无论是维护现有的业务，还是尝试新的赛道、实现新的突破，重要的是有比自己更优秀而且忠诚的团队出来接棒。而要容下甚至让位给更优秀的团队，且让位后的高管能保持创业精神为公司继续开拓，这需要的已经不仅仅是老板的个人能力了，更需要的是老板的胸怀。而且这种胸怀能通过公司对员工的选拔、培养、考核变成公司的文化，使公司上下形成不以岗位论英雄的工作氛围。

这样的公司能不基业长青吗？

极易懂的供应链管理日记

如何调和管理团队中的"代沟"

小宝的团队中有"80后""90后""95后",不同年龄段的同事在日常工作中表现出明显不同的个性。"80后"的同事工作责任心很重、业务能力也很强,但由于多数要照顾家庭,在公司加班和出差的时间就相对受到制约;"90后"的同事有干劲、有想法,但是对将来的发展通常比较迷茫,工作起来也会表现出迷茫;"95后"的同事工作不在乎方向,最重要的是开心,生活基本上没负担,只要是自己喜欢的工作,就可以"玩命"干。面对拥有不同特质的同事,小宝管理起来有点吃力。

小宝:老板,我觉得现在的团队好难管理。

大宝:说说看。

小宝:"80后"的同事很认真,交代的任务都能仔细完成,但就是希望稳定,好平衡家庭和工作。

大宝:没错啊,这些同事是工作上的主力军。

小宝:"90后"的同事有追求和想法,但就是不稳定,老是琢磨着要到处试试。

大宝:也挺好,这些同事就是我们的希望。

小宝："95 后"的同事只考虑工作爽不爽，我完全不知道他们在思考啥。

大宝：嗯，有代沟了。

小宝：……

社会的急速变化，让员工的代际差变得越来越短，以前可能是 10 年一代人，现在可能是 5 年，甚至 3 年。每一代人的思想和认知都有明显的差异，这给管理者带来了极大的考验。如果想紧跟每代人的思想和喜好，根据每代人的特点创造出不同的管理方式和方法，因人施管，基本上不可能。要同时管好不同代际的团队，还是要回归初心，用减法。

——统一的目标：团队必须要有统一的目标，道不同不相为谋，不论年龄。

——强调自驱：工作伙伴需要相互支持配合，谁也不是谁的保姆，不要指望别人关照、体谅。

——尊重个性：在完成工作目标和不影响别人正常工作的前提下，放松管理节奏和要求，尊重个体的特点，如允许上下班免打卡、居家办公、带孩子上班等。

其实要改变的不是代沟，而是我们陈旧的管理理念。

不耗散也能破熵增

大宝在公司已经工作六七年了,日常工作日复一日地不断重复,做着做着就开始觉得有点沉闷。周边的同事、团队和自己磨合多年,彼此间很有默契,很多工作信手拈来,而且就算有问题,大家也能相互支持、相互配合。按道理来说,大宝工作应该会很顺心啊,但在职场闯荡多年的大宝却总感觉有点不对劲。

大宝:小宝,我觉得我们工作有问题,你发现没有?
小宝:老板,没有啊。我觉得团队合作很和谐,工作也很顺利,没毛病啊。
大宝:我觉得太顺利了,大家之间太和气了,和气得我有点慌。
小宝:不会吧。和气才能生财,难道整天吵闹才好?
大宝:嗯,我觉得工作中有冲突才是健康团队的表现。
小宝:……

有段时间非常流行对"热力学第二定律"在管理学上的解读,就是组织一定会从有序变成无序(熵增),必须通过外力才能维持原来的有序状况(耗散)。但这里面有一个非常重要的问题，外力从哪来？需要多大代价？这个代价组织能支付吗？

其实要破熵增，在不通过外力的情况下，如果能增加对系统内不确定性的量度和筛选，我们就有机会用最小的代价实现熵负。

物理上的熵增是指不同温度的物体最终归于同一温度，系统内的能量无法对外做功；而组织内的熵增是指所有个体趋同，没有创造力，无法与外部竞争。要打破这种趋同，除了从外部引入"鲶鱼"，激活组织外，还可以从内部体制、系统、用人等方面着手，识别和制造个体差异性，实现百花齐放，组织熵减。

要实现低成本的熵减，必须真正做到：

1. 因人设岗。这个比较有争议，前提是这个人对组织非常重要。

2. 不惧冲突（破"圈子文化"）。

3. 赏罚分明（破"大锅饭"）。

4. 人才尽量多元化。其中包括不同的地域、背景、学历、年龄、专业等。

极易懂的供应链管理日记

整顿职场是对观念落后的管理者的反抗

小宝这段时间对大宝很不满意，平常工作中不太愿意主动和大宝沟通，甚至开始考虑离职。原因是小宝觉得在有问题找大宝时，大宝总给人一种高高在上，充满了"爹味"的感觉。不仅自己的问题很难得到正面回答，而且总是被顺带说教一把，小宝严重怀疑自己遭遇了"职场PUA"。

小宝：老板，我要辞职！

大宝：找到好工作了？

小宝：没有。世界这么大，我想去看看！

大宝：有没有搞错？我对你这么好，一直提携你、帮助你，你怎么说走就走？

小宝：谢谢你的提携，但我更需要被认同、被尊重。

大宝：我提醒你改缺点就是不认同你？我教你、提点你就是不尊重你？

小宝：……

受传统教育观念的影响，我们在职场中也奉行着一个不成文的规矩：如果上司真的想对下属好，就应该像为人父、为人兄一样，通过不断训斥、挑毛病、加压力使其快速成长。在过去，这种方法挺有效果，尤其对于习惯于服从的"70后""80后"。他们回忆起往日的成长经历，甚至会感谢曾经的上级能对自己及时批评、指正。但今天，"90后""00后"逐渐步入职场，他们在新时代成长起来，是以创新、突破、实现自我为追求的新一代。由于他们从小到大接受的教育以激励为主、惩罚为辅，所以如果还是用居高临下、指手画脚的方式对其进行辅导、教育，只能从根本上引起其反抗，促使其被迫"整顿职场"。

要管理好新生代，最根本的一点就是尊重。大家是同事，是平等的，上下级只是分工不同，鼓励、批评都应该及时反馈，如朋友、如同学。

一代人有一代人的培养方法和路径，管理者也要与时俱进！

极易懂的供应链管理日记

管培生是 VUCA 时代的标配

小宝最近很苦恼。他本科是管理工程专业，研究生是供应链管理专业，作为管理培训生进公司已经一年了。他在公司尝试过物流、计划、采购、生产管理等不同岗位，觉得好像每个岗位自己都挺喜欢，但又不知道应该专注哪个方向，只好找导师大宝征求建议。

大宝：你觉得自己最擅长什么？

小宝：我觉得自己擅长数据和项目管理。

大宝：你自己最喜欢什么工作？为什么？

小宝：我喜欢采购，因为可以与各种各样的供应商打交道，但我又觉得这种打交道没什么专业性，好像自己学习的专业知识都用不上。

大宝：你觉得公司为什么要培养你？

小宝：因为通过培养，我可以成为公司想要的人才。

大宝：公司需要什么样的人才呢？为什么不直接从市场上找，而是选择花时间、冒风险培养你呢？

小宝：……

大宝：因为公司需要你们的不确定性。

每逢毕业季，各大公司在校招上各种"斗法"，对优秀毕业生的争夺非常激烈。

虽然毕业生人工成本不算太高，但成才（成长为主管级）周期起码要 2—3 年，其间流失风险很高。这样为什么还说投资回报率高呢？

因为现在对管理培训生的要求与以往完全不一样。

之前，社会经济高速增长，企业有不断扩大规模的迫切需要，对各职能人才的需求量随之增加，找管培生是为了满足各部门未来对人力资源的需求，所以需要这些人能够很快定岗上手。

现在社会的组织模式、商业模式、技术发展等变化很快，企业的发展、变革、创新都是以 2—3 年为一周期，人才紧缺不是数量和专业层面的，这些可以从市场上得到补充，缺的是具备可持续的学习能力和学习意愿的人才。

管培生可能专业不对口、喜好不定，但学习能力强、年轻能扛、无负担、敢想敢干，他们突破和创新的机会大，同样，流失的机会也大。

企业招聘、雇佣员工其实就是风险投资，而在 VUCA 时代（意为易变、不确定、复杂、模糊的时代），对确定性不高的管培生进行投资只能是必选题。

极易懂的供应链管理日记

白兔、黄牛和老虎

小宝带团队有一段时间了,他发现自己的脾气发生了微妙的变化。刚开始给下属安排工作、一起研究项目时温文尔雅、事事商量,遇到困难甚至亲自动手为下属排忧解难。但是现在小宝发觉自己的脾气越来越急,对团队也越来越强硬,很容易就上火。他总觉得下属的工作效率低下,并且自己也没有耐心手把手代劳了。下属对待小宝的态度也从以前的随性,变得有点战战兢兢。小宝发现这些变化后,有点不知所措。

小宝:老板,我最近是不是变了许多?

大宝:没有吧。你长胖了?

小宝:不是。而是我发现我的团队好像挺害怕我。

大宝:为什么怕?

小宝:我最近看他们的表现实在忍不住脾气了,我觉得自己已经没有耐心像之前那样给他们善后,现在我逼着他们自己面对结果。

大宝:这不是很正确吗?

小宝:但是我怕他们不爽,会集体反对我啊。

大宝:那也是。不过你觉得我会担心你连同其他同事反对我吗？

小宝：……

团队里面一般都有三类人：黄牛、白兔、老虎。

黄牛勤勤恳恳、低头苦干，只要给任务，必然全身投入，缺点是不问西东、不思考。所以如果没有领导的明确指示，黄牛是不会主动承担责任的，他们相信只要勤奋，职场中肯定有自己的位置。

白兔看起来人畜无害、兢兢业业，在周边的同事中口碑不错，很会做人，善于团结，遇到问题总是表现积极，但是永远没有实质结果。这种人善于伪装，他们的哲学就是顺势而为，绝不越轨。

老虎雄心勃勃，能力十足，充满自驱力，有明确的目标，但往往孤傲不群，喜欢出风头、单干单挑。他们的想法非常简单，就是以业绩论英雄，个人成为英雄。

估计大家都希望自己的团队有黄牛、老虎，不要白兔。

其实从管理的角度来看，在公司业务发展的不同阶段，需要的人才是不一样的。

在创业阶段，公司需要找突破、找业务，每个员工都应该是老虎。

在增长阶段，公司需要内部稳定团结，一致对外，白兔可能会发挥更大的作用。

在守成阶段，公司需要坚定路线，精耕细作，黄牛才能适应这种要求。

其实每个人都有其黄牛、老虎、白兔的一面,且在不同条件下可以互相转化,管理者的主要责任之一就是因势利导,在不同阶段激发出每个员工不同的特质,实现企业的人才战略目标。

打造职业发展的"第二曲线"

小宝进公司大概有五年了，工作岗位换了好几次，从物流到计划再到采购，每次在岗时间平均起来都不足两年。虽然小宝已经很努力在适应，但总感觉好像刚刚摸了些门道就要被调岗，实在太辛苦了。与此同时，看到其他一些同期进来的同事，几年来一直都没有换过岗位，工作越来越熟练、越来越轻松，还有不少的同事得到了晋升，小宝实在不明白，为什么自己的职业发展如此不同？

小宝：老板，明年我不会又要换岗了吧？

大宝：哦，你是想要换岗位？

小宝：不是。我过去五年换了三个岗位，太辛苦了，而且在每个岗位上工作的时间太短了，没时间积累经验。我不是很想再换岗了。

大宝：知道为什么公司要你不断转岗位吗？

小宝：应该是培养我，希望我能有更多机会接触不同的业务。但是时间太短了，我每次都要从头学起。

大宝：唉，你的想法太简单啦。我们要培养你的不是专业能力，而是快速学习的能力。

小宝：……

对于职场"老鸟"来说，最忌讳的是换工作岗位，尤其是换职能，比如从销售换到人力资源管理，从采购换到计划，从物流换到财务等。若职能跨度较低还能勉强接受，跨度大了就非常抗拒，理由就是不想失去专业对口性。但是在节奏变换日益加快的今天，我们曾经理解的专业可能已经面目全非甚至完全消失。例如销售以前强调的技能渠道沟通，从100%线下转为现在线下、线上相融合，技能要求完全不一样；如物流，以前要求必须现场操作能力强，甚至会开货车、叉车，现在已经转变要求为对大数据的分析、对网络的规划，而运作完全是外包；如采购，以前要求懂门道、会搞关系，现在要求有财税法知识、全球视野、能全球化寻源；如计划，以前要会 Excel 表处理数据，现在要求从公司营运策略出发，准备最优方案；如生产，以前要懂图纸、懂工艺，现在必须要会智能制造以及环境、社会和公司治理等。

这些专业的演变已经往跨职能、跨技术领域、跨认知的方向势不可挡地发展。如果职业发展也有生命曲线，这条曲线应该也会类似于企业的成长曲线，如果不在发展曲线达到最高峰前发展第二曲线，必将毫无悬念地往衰败的方向掉落。

因此，要想发展职业的第二曲线，超强的快速学习能力是必需的，而这种能力只有在不断跳出舒适圈的过程中才能被锻炼出来。

团队建设

职业经理人也需要饮水思源

约翰是公司的项目经理，能力很强，业务精通，而且还很喜欢帮助别人，很多同事都得到过他的指点，大家人前人后都尊称他"约翰哥"。约翰也是小宝入职时候的导师，小宝的第一次晋升就是约翰提拔的，小宝一直都对约翰很感激。最近约翰向公司提出离职，跳槽去了竞争对手公司，临走前还特意约了小宝吃饭，希望小宝能和他一起跳槽。小宝觉得很为难。

小宝：老板，约翰哥下个月要离职了。
大宝：是啊，很可惜，他能力强，人品也很好。
小宝：他想叫我和他一起走。
大宝：啊，你怎么想？
小宝：我很喜欢现在的工作和公司的文化，不是很想走。
大宝：太好了，直接或委婉地拒绝他吧。
小宝：我怕约翰哥说我不懂"饮水思源"。
大宝：思源是要的，但不一定要溯源啊。
小宝：……

任何一个领导、管理者都受过前辈的教导和提携，但是在职场中，大家往往都很忌讳讲饮水思源，因为一不小心，饮水思源就很容易被标记为结党营私、搞小圈子。而且现任的领导怎么看你对前任领导的饮水思源呢?所以职业经理最好的选择就是"人走茶凉"。当然,对前辈是这样,自己离开时也会同样被这样对待。日复一日,大家就觉得"人走茶凉"很正常了。其实要做到饮水思源而又避免结党营私也不难。

——对"源"的尊重要在行为、态度上表达。

——对"源"的尊重是基于对人的温度、温情。

——不要和"源"在公司、个人利益上产生纠缠。

——大大方方地表达,这是为下属树榜样,给上级表态度。

中华文化从来都鼓励饮水思源,只要身正,就不怕影斜。

互联网时代，最早消失的岗位是什么

小宝最近对大宝不太满意，觉得大宝老是高高在上，不了解"民间疾苦"，更关键的是自己的涨薪幅度远不及预期，所以一直在留意外面的机会，上班也有点得过且过的意思。大宝多聪明啊，他看着小宝的微小变化，觉得不妥，于是将小宝叫进了办公室。

大宝：小宝啊，最近是不是很累啊？看你工作好像总是提不起劲，还经常请假，有什么特殊情况吗？

小宝：老板，不瞒您说，最近有很多猎头在找我，而且都是大厂。

大宝：嗯，他们给你很高的待遇，很高的职务？

小宝：待遇挺不错的，要不我介绍老板你去面试吧，反正我们调薪这么少。

大宝：看看大厂们动辄 20%—30% 的裁员，你觉得你有进去的机会吗？

小宝：不试过怎么知道呢？

大宝：你还是太年轻了。

小宝：……

大厂大幅裁员，当然与经济运行情况有关，但更重要的是受到企业数字化、智能化后效率指数级提升的影响。大厂裁员的主要岗位都是中间管理层级，这个阶层主要负责上传下达，领会上级意图，确保下属贯彻执行，一直是企业运营的核心保障。但在企业实施数字化、智能化后，信息传递及时、透明、精准到人，中层的承上启下作用迅速消失，架构的扁平化势不可挡。大厂是最早被数字化、智能化武装的，大幅裁员也是顺势而为。

估计未来能留下来的工作岗位，一种是纯脑力劳动岗位，设计系统、训练机器；另一种岗位的职责是辅助系统执行、执行机器下达的任务。

团队建设

不会吆喝的人才不是好人才

小宝很想参加公司的人才储备计划,这是一个只有被认定为高潜力、高绩效的员工才能参与的计划。由于参与该计划的员工会很容易得到晋升,所以竞争非常激烈。为此小宝努力工作,希望通过突出的绩效成绩获得入选资格。可是连续两期的计划,工作绩效非常优秀的小宝都没有通过评审,小宝非常郁闷。

小宝:老板,您觉得我工作表现怎样?

大宝:很棒啊!很多工作都能出色完成。

小宝:但是为什么我连续两期的人才储备计划都落选呢?

大宝:嗯,你知道公司认定人才的标准是什么吗?

小宝:肯定是能干、业绩好、服从安排啊。

大宝:对,这些很重要,但是还是不够。

小宝:还差什么?

大宝:宣传!

小宝:……

在工作中,很多员工都有过这样的体会,尽管自己非常努力,成绩也很突出,但似乎总得不到公司赏识;反而职业发展的道路上发展得很好的，总是那些绩效未必很出色，但能说会道、善于表现自己的同事。于是想不通之余只好无奈地自我安慰：运气不好、没有贵人相助、自己只会做不会讲……当然，这些安慰不可能解决问题。那么难道公司领导都有认知盲区，而总爱表现自己的同事都是只会拍马屁的无能之辈？当然不是。这主要是以下几点造成的。

1. 一般公司都是金字塔架构，上司少、下属多。每个岗位在做好自己工作的基础上，还要支持上级、管理下属，这就决定了在培养照顾下属的时候，很难对每一个员工都有充足的时间进行沟通、了解。如果下属不能积极主动地表现自己，很难让上级全面了解你的贡献和能力。

2. 员工的晋升不只由上级决定，还需要有隔代领导、人力资源部门的认可。如果下属不能很好地展现自己，就很难得到各相关方的认可。

3. 表现能力是非常重要的职业能力，这个能力不但影响上级对个人的印象，而且影响客户、同事、团队对个人的印象。

因此，那些同时具备优秀绩效和较强的沟通、表达能力的员工，才是公司最需要的人才！

团队建设

领导力是双向作用力

小宝作为高潜员工,最近参加了公司的领导力培训。培训中,导师不断强调领导力的重要性,也要求学员们学会自我修炼领导力。小宝上课的时候感觉老师讲得很有道理,自己都学会了,但下课回到工作岗位上就有点懵了:自己又不是领导,怎么培养领导力?对谁施展领导力?

小宝:老板,我上了领导力培训班,学了不少有用的知识和工具。

大宝:很好,学以致用,赶紧去练练手。

小宝:问题是我还不是领导,怎么练?

大宝:领导力和职级没有关系。

小宝:那跟什么有关系?

大宝:三观。

小宝:……

当我们谈论领导力的时候,很容易将领导力等同于领导的能力,这个能力往往被曲解为指挥、管理团队的能力。其实,真正的领导力不是由身份和阶层带来的,而是来自群体的评价和共识。

所以，领导要想拥有真正的领导力，团结好队伍，必须要有正确的价值观，因为价值观会直接体现在领导的行为中，下属会看在眼里，评判自在心里。

要拥有强大的领导力，我觉得要具备以下几个条件。

1. 领导必须有正确的价值观。为人要公正、正义、善良等。

2. 以身作则。

3. 选择与自己三观相近的下属。这点非常重要，但往往被忽视。

4. 保持非正式沟通渠道。例如在工作之余的聚会等。

所以领导力不是单向作用而是双向作用的，培养、用好领导力，才能真正上下一心、其利断金！

团队建设

谁该为核心员工的离职负责

小丽工作出色认真,上级一直将其作为重点培养对象。在组织部的人才库内小丽排名靠前,是关键经理的接班人。猎头们也一直在尝试用各种方式接触小丽,希望她跳槽。终于,在猎头的轮番鼓动下,小丽还是动了心,义无反顾地提出了离职。小宝作为小丽的好朋友,既替小丽高兴,又觉得很可惜,为什么公司留不住小丽呢?

小宝:老板,小丽月底要离职啦。

大宝:嗯,太可惜了。

小宝:据说小丽的老板和 HR(人力资源部门)还为此吵了起来。

大宝:为啥?

小宝:小丽的老板怪 HR 待遇没给够,HR 怪小丽的老板没照顾好下属。

大宝:你觉得谁有问题?

小宝:……

员工离职,尤其是关键岗位、高潜员工离职的确是各个企业的"心头痛"。花了精力和时间培养的优秀人才通常提前一个月提出申请（如果考虑休假，可能只有2—3周）就能离开。要是人才梯队充足还好，如果要重新招募培养，估计没有3—5个月根本无法恢复正常业务。因此各个企业都非常重视对核心员工的保留工作。但无论如何努力，肯定会出现流失。其主要原因无外乎以下几点。

1. 员工现有待遇与市场差距较大（起码要差20%—30%以上）。
2. 员工的家庭出现变故（孩子教育、家庭住址变动等）。
3. 员工的升迁路径不明（公司组织经常变化、不稳定）。
4. 公司经营问题严重（连续亏损、裁员等）。
5. 员工与同事合作不愉快（不合群、被排挤等）。
6. 上司对员工缺乏关注和引导（特别是对新生代、新员工）。

年轻员工比较关注第1、5、6点；而对于资深员工，第2、3、4点影响最大。

既然公司想保留核心员工，上司及HR必须有能力识别员工的真实需求，防患于未然，提早有针对性地为重点员工解除后顾之忧。

当然，外面的竞争对手也同样会精准挖角。因此，除了充分做好保留计划，公司更需要建立好人才梯队，有了"造血"功能，才有底气不断输出优秀的人才。

使命感和价值观是激发员工潜力的最有效工具

小宝参加了公司举行的管理创新培训，导师声情并茂、充满感染力地介绍了众多成功者的经历和秘诀，小宝听得热血沸腾，感觉被"打了鸡血"一般。尤其听到众多成功创业者都不约而同地将使命感作为自己成功最关键的要素时，小宝瞬间觉得自己与这些鼎鼎大名的企业家之间的差距大幅缩小了，原来成功这么容易，只要找到自己的使命。

小宝：老板，我觉得我很快就要成功了。

大宝：为什么？

小宝：因为我觉得已经找到自己的使命了。

大宝：说来听听？

小宝：我要改变世界，让人类的生活更健康、更美好！

大宝：这不就是我们公司的使命吗？

小宝：对啊，我觉得这也是我的使命。

大宝：嗯，恭喜你自愿成为"007"。

小宝：……

很多打工仔觉得使命和梦想都是老板的事，和自己没什么关系。绝大多数的打工人觉得打工是为了给自己和家庭更好的生活，所以无所谓使命或主人翁精神。反正东家不打打西家，只要钱给够就行。但真的是这样吗？如果是这样，为啥企业，尤其是领先的企业还不遗余力地进行文化建设、价值观宣贯，不断强调使命和梦想呢？

因为钱这类物质可以起激励作用，但这种激励必须是持续的，需要不断加码才能维持效用。而价值观、使命感激发的是人的内驱力，当企业的使命和梦想能被员工认同并转化成为自己的使命和梦想时，这个企业最终必然成功，因为自驱力是无穷无尽的。

所以，实际上企业家强调的使命不单是自己个人的奋斗目标，更是筛选志同道合的员工的过滤器。

同样的，员工在选择公司的时候，公司的使命感和价值观也应该成为员工最重要的选择条件。因为只有在个人的自驱力被激发的前提下，我们才能进入心流，才能发挥自己最大的潜力，谁不想试试自己的极限呢？

团队建设

PDCA 是对优秀的管理人员的核心要求

上个月刚过去两天,小宝就要开始准备月度工作报告。以往是大宝自己准备,并亲自向大老板汇报,但这段时间大宝实在太忙了,所以要求小宝帮忙准备。大宝将报告的思路、要求等和小宝沟通了一遍,然后小宝就开始做 PPT 了。一开始,小宝满怀信心,觉得材料准备没有难度,以自己的能力和对大宝的表达的理解,应该一次成功,但事实上连改了三次大宝都不"收货"。小宝急了。

小宝:老板,我觉得报告已经写得很好了,结果清晰,事实描述清楚,数据表现合理,我实在搞不懂为啥还是不行。

大宝:嗯,如果是你向我汇报的活,这份报告已经很好了。

小宝:既然很好为啥不直接用来向大老板汇报?

大宝:因为我们的角色不同。

小宝:什么不同?咱们都是同样的工作,同样的结果啊!

大宝:负责实操的岗位,只要汇报结果就好,但是负责管理的岗位,不能只讲结果。

199

小宝：……

管理人员很容易忽略过程管理工作，往往认为只要结果好了，就是管理到位、管理成功。其实结果往往是由多种要素相互作用共同产生的，所以无论结果好坏，都有一定的偶然性。但是企业不喜欢不确定性，因此这就需要有人专门去管理、去执行，从而尽量减少偶然性。这就是组织为什么需要管理人员的原因。一个优秀的管理人员必须具备以下能力。

1. 对于管理范围内的业务发展有一定的预见性。（Prediction）

2. 能针对预见做出计划和应对方案。（Design）

3. 在行动推进过程中不断检查、校准。（Check）

4. 确保团队按计划和方案执行。（Action）

做好了PDCA，结果的随机性将大幅降低，自然会水到渠成。这才是管理人员的核心价值。

互信才能留住人才

职场"小白"小宝工作非常忙碌,手上的项目非常多且时间都很紧张,多个项目同时展开,不知啥时候能结束。这让小宝没有一点成就感,不知道怎么办,只能找上司大宝商量。大宝其实很欣赏小宝,觉得小宝是人才,而且现在公司也的确需要小宝帮忙执行很多关键项目,不过基于现在的环境,能给小宝的资源有限,所以大宝只能非常诚恳地回答:"成年人不做选择题,我们都要。"小宝听完,感觉整个人都不好了。其实小宝想,大宝只要给自己适当提高待遇自己就能留下,但如果大宝毫无表示,自己只好辞职。

小宝有两个选择:1.提出加10%的工资;2.跳槽。

大宝也有两个选择:a.给小宝加10%的工资;b.外招一个,工资增加50%。

HR(人力资源部门)也有两个选择:A.同意加薪;B.反对加薪。

如果小宝选1,大宝最好的选择是a,公司最优的选择也是A;如果小宝选2,大宝最好的选择还是a,公司最优的选择是A。

所以无论小宝如何选择,对于大宝和HR最好的选择都是直接给小宝 10% 的挽留加薪。

但在实际工作中，由于大宝不知道小宝真实的想法究竟是 1 还是 2，所以最保险的做法就是选 b；而 HR 由于无法判断小宝是否能接受 10% 的加薪，同时要维护公司的人事薪酬福利政策，所以无论大宝、小宝如何选择，他们也会选 B。

所以这类情况最终多以小宝离职、大宝高价外聘人员替换而结束。

以上就是"纳什均衡"在工作中的一个简单的"三部门模型"，从中大概可以看出上级、下级和 HR 三方之间的博弈关系。因此，在管理中最重要的是坦诚沟通，而坦诚沟通的前提就是相互信任。如果大宝、小宝和 HR 三方能做到相互信任，那么一定可以为问题找到最优解。

管理人员重要的工作之一就是建立高信任氛围的团队，这是给公司的贡献之一！

团队建设

看人之短，天下无可用之人

小宝成为团队主管有一段时间了，感觉带队伍真心不容易：小丽工作认真负责，交代给她的工作能按时完成，但比较佛系，上班、下班非常准时；小明很聪明，总有说不完的话题，但是工作上总丢三落四，错误百出；小刚工作年资最长，工作很勤奋，早到迟下班，但是在学习新事物上总是慢半拍。小宝挺苦恼，如何解决三位同事的短板呢？

小宝：老板，我希望申请多一个编制。

大宝：为什么？你现在三个下属不够用吗？

小宝：用起来都有问题，我想招个合适的。

大宝：出了什么问题？你和他们谈过了吗？

小宝：都谈过了，怎么辅导都不改，不如换新人。

大宝：你想找的是完人吗？

小宝：……

管理者通常不自觉地会有个倾向，就是挖掘下属的短板，不断强调其不足，要求下属整改。这似乎是管理者天然的使命，让下属觉得自己这里不好、那里不足，从而使自己置身教练的角色，方便指挥、管理。但事实上，好的管理者应该善于发现

203

下属的长处，并加以善用，这才能真正体现出管理者的能力。

当然，管理者通常都懂这个道理，奈何挑毛病远远比夸优点容易，而且由于担心下属骄傲自大不听指挥、翘尾巴，上级往往都以居高临下之势教训下属。这就要看管理者的能力了，用人之长，天下无不可用之人。

所以，优秀的管理者总是少数。

团队建设

"红本子" vs "黑本子"

时间很快就来到七月,公司开始年中盘点。按公司的计划,小宝开始对自己的团队进行年中人才盘点,包括对下属过去半年的绩效、素质、潜力等方面进行评估,通过横向、纵向比较,挖掘团队中表现优异的高潜人才。小宝通过一对一恳谈、收集信息和日常观察,终于确定了两位同事为上半年的"团队之星"。

小宝:老板,上半年的人才盘点我搞完啦。

大宝:这么快,高效啊!

小宝:谢谢老板夸奖。我找到了两位上半年表现突出、潜力较大的同事。

大宝:那太好了。你是按什么标准评选的?

小宝:我是从平时工作的积极性、对项目的投入、大家的反馈等方面进行衡量的。

大宝:非常好,那表现最差的同事是谁?

小宝:嗯,我们团队的成员表现都很不错,大家都很努力,实在很难分出高下。

大宝:为什么有最好的,没有最差的?

小宝:……

管理人员，特别是初级管理人员最常犯的一个毛病就是脸皮薄。因为自己刚刚升上主管的位置，觉得团结是第一要务，所以通常都会用"红本子"来激励同事，团结团队。这是正向激励，本身非常好，但如果只有"红本子"，只用激励的方法，虽然面子上大家都好过、都舒服，但会导致大家忽视主管的管理权威，工作责任心下降。这时候必须要配上"黑本子"管理，对于同事的错误或者不足的地方要直接指出并给予指导，要不惧冲突，勇于表达。

只有用好"红本子"和"黑本子"，才能使管理工作越发成熟和完善。

> 团队建设

不要让领导成为组织能力的天花板

　　大宝一直很关注小宝的职业成长。对于小宝的工作安排和项目进展，大宝总是发自内心地给予小宝指点和意见。但是随着时间增长，大宝发现小宝的工作水平发展有点停滞，而且更加让大宝担心的是，小宝的工作主动性和热情也以可感知的速度在减弱，大宝也开始有点焦急和烦躁了。

大宝：小宝，最近是不是家里有什么事情？我总感觉你有点不在状态。

小宝：没有啊，我一直很"在线"啊。

大宝：你上一次主动给我汇报工作已经是在一个月前了。

小宝：嗯，但是老板您不是经常主动指导我的工作和项目吗？我看老板对我的工作已经非常了解了，我还有必要专门向您汇报吗？

大宝：我不可能了解你所有的工作及需求，你不及时总结和汇报，可能错过我帮你优化的机会。

小宝：不会的。我都是按老板您说的做的，不会多也不会少，请领导放心！

大宝：……

管理下属，带领团队，领导者最希望的就是下属和团队能比自己更出色地完成任务，因为自己带的队伍比自己更加优秀才能证明自己的管理水平高。而管理者的核心工作就是激发团队的能力，实现"一加一大于二"。但在现实中，领导者往往自高自大，认为自己的能力、经验、手段远远高于下级，喜欢点评、指导，甚至要求下属不打折扣地模仿自己，以训练下属成为自己为最高成就。结果整个团队上行下效，变成"俄罗斯套娃"，一个比一个弱小。

归根到底，是领导者的胸怀和格局决定了团队的能力，所以选领导者必须以胸怀、格局为先。领导级别越高、权力越大、管理幅度越大，越应该甄别、选用比自己能力更强的下属，不要让自己成为组织能力的天花板。

团队建设

人员招聘是一种"输入性通货膨胀"

公司最近实行架构精简，不少员工由于没有了岗位而被"优化"，但其中也有些有能力的同事趁着公司给出优厚的补偿方案提出了离职。为了填补这些优秀同事留下的空缺，公司除了从内部提拔人才，还需要从外部招聘。小宝的部门也来了两位新同事，由于大家都是年轻人，小宝很快就和新同事熟络起来。在交流中，小宝发现新来的同事其实业务水平不比原来的同事好，但薪水竟然高出他们一大截。小宝百思不解，只能找大宝解惑去了。

小宝：老板，我知道了一个不该知道的秘密。

大宝：啥？

小宝：新来的同事工资比原来的同事高不少，但我看他们的工作能力没多大差距。为啥不用同样的薪酬挽留老员工？

大宝：这算什么秘密，同岗位新员工通常都会比老员工工资高，这是市场惯例。

小宝：为什么呢？如果给老员工同样的待遇，老员工肯定比新员工做得更好。我觉得新招的同事就不应该比老员工工资高。

大宝：这叫"输入性通货膨胀"！只有这种通货膨胀起来了，我们才能加工资，懂吗？

小宝：……

每家企业都会出现同一岗位、业务能力接近的新员工比老员工工资更高的现象。

从新入职员工的角度看，虽然自己在新公司继续从事熟悉的工作（公司通常招聘业务纯熟的专才），但由于进入完全陌生的环境（人事、组织、文化、地点等），风险更高，自然会要求比老员工更高的报酬。

从雇主的角度看，因为新员工的招聘本来就有风险（需支付猎头费用、员工不适应新环境导致离职等），如果给新员工的待遇比老员工低，按市场正常规律，很有可能在市场上找到的就是比老员工能力低的人员。为了降低风险，必然选择招聘在可接受范围内的高薪求职者。

猎头主要按招聘岗位的月薪倍数收取佣金，岗位月薪基数越高对猎头来说越有利，同时也更利于吸引人才。只要人选对了，企业并不在乎增加人工成本；反过来，如果人选错了，企业口碑坏了，那么造成的影响就大了。

从现有员工的角度看，外聘同事的薪资必定会成为往后自己的薪资（无论继续留下还是跳槽）的锚定价格，所以对薪资的要求自然向外聘员工对齐。

由于供、需、连三方的共同利益、共同偏好都倾向于溢价招聘，市场自然就水涨船高，完成了人才流动的闭环。

当然，与温和、适当的通货膨胀有利于社会经济发展一样，适当的"人才通货膨胀"有利于人员的流动、成长和市场出清，从而使各企业、各组织更加健康、更加有活力。

极易懂的供应链管理日记

名校学历真的很重要吗

小宝准备招一名主任，负责招聘的 HR（人力资源部门）的同事给了不少简历供小宝筛选。小宝本身的学历不错，本硕都是"985"学校，在校还拿过奖学金，所以在筛选候选人时特别留意名校毕业的候选人。不得不说，随着国家大力发展高等教育以及出国留学的人数不断攀升，拥有优秀教育背景的候选人真不少，小宝有点挑花眼了。

小宝：老板，现在招个主任真不容易。

大宝：为啥？没有人应聘？

小宝：不是，应聘人很多，但我不知道如何选择。

大宝：哦，说来听听。

小宝：我想挑一个好学校毕业的候选人，但想不到"985"甚至"藤校"毕业的求职者这么多，我不知道该怎么选了。

大宝：好学校毕业这么重要吗？

小宝：当然啦，优秀的人才基本上都是从名校毕业的。

大宝：俺是二本毕业的。

小宝：……

"学校鄙视链"在国内外都有，是各位学子在申请学校时必然要仔细研究的。为什么有这条链的出现？其依据是什么？这可能主要是由各校的毕业生所取得的成就造成的，毕业生成就越高，就越吸引高潜力的学生报考该校，于是"正向飞轮"就转起来了。所以大企业的 HR 在校招管培生时，名校毕业往往是基本要求。

但是，在中高层尤其是最高管理层的招聘要求中，很少看到要求"985"甚至"藤校"毕业，这是为什么呢？

选拔领导、管理层时，候选人往往已经有丰富的工作经历，考察的重点主要是其成绩和能力。这些成绩和能力只能通过实践证明，而不是通过学历和毕业学校推断，所以高端招聘的条件很少涉及毕业学校这种要求。

但如果是校招，或比较初级的岗位，候选人往往没有什么工作经验，更谈不上工作成就，用人单位最好、最有效的判断指标就是学历、毕业学校。对用人单位来说，名校学历就是所招人员能力的最好证明。

所以读好书、上好学校就基本能赢在起跑线，但是想要最终胜出还是要看后劲。在职业生涯这条赛道上，越往前跑，名校的加持就越弱，通过自身的努力完全可以实现逆袭。

致所有学子：终身学习，坚持下去，我们要比谁先到终点而不是谁先起跑！

人才战略的落地需要合适的土壤

小宝因为工作表现突出最近升职了，成为一个小领导，准备建立自己的小团队。除了从其他部门选调个别同事加入外，小宝还准备从外部招聘。经过好几轮的面试，小宝感觉候选人都不太合适，不是年纪偏大，就是专业不对口，或是没有经验，总之各有各的不足。经过几次后，人力资源部门的同事也有点不耐烦了，推送候选人的速度越来越慢。迟迟找不到合适的员工，小宝的工作压力越来越大。

小宝：老板，HR太差劲了，一直找不到合适的候选人给我，怎么办？

大宝：是怎样的不合适？

小宝：各种各样的情况都有，最大的问题就是我觉得这些人没有创新精神和永远创业的动力。

大宝：嗯，你觉得怎样才算是有创新精神和永远创业的动力呢？

小宝：起码不能超过30岁，能接受"007"，有自己的想法，想突破现状，改变世界……

大宝：等等，这种人就算给你找到了，能在公司干得久吗？

小宝：……

随着互联网的发展、数字化时代的推进，各行各业都在加速洗牌，很多原来活得很滋润、很自信的公司和企业被新势力冲击得摇摇欲坠，对自己的信心也逐渐消失。于是大家纷纷研究成功企业，想找到逆转的机会。先人后事，人的选择变成头等大事。大厂的经验就是年轻化、体力化、学历化，所以整个社会对人才的定义也趋同了：不能超过35岁，必须能接受"007"，毕业学校必须是"985"甚至限于"C9""藤校"。问题是各个公司都适合用这些精英吗？各个公司的文化、价值观、资源、人才培养的土壤能和大厂一样吗？就算能招募到少数这样的精英，并举全公司之力为其提供温室环境，他们就能成长并带领公司穿越"寒冬"吗？

中小企业要找到适合自己发展阶段的人才，而不要"东施效颦"。

必须让管理者成为园丁

昨天公司管理层组织全公司进行线上、线下大会，会上，管理层向全员分享了公司的战略、业绩和主要项目等。公司管理层主要人员轮番上场讲话，短则 10 分钟，长则 30 分钟。管理层在台上滔滔不绝、兴高采烈，台下大部分同事却都低着头看手机。小宝作为台下观众的一员，觉得挺尴尬的。

小宝：老板，我觉得昨天公司的全员分享大会好像没啥作用？

大宝：为啥？

小宝：很多经理级别的同事本身就参与了这些战略设计、项目执行，对公司的业绩也是有感觉的，他们对会议内容没啥兴致。

大宝：还有其他大部分员工啊。

小宝：其他基层员工绝大部分只关注自己的工作、收入、待遇，对这些"高大上"的东西也没兴趣。

大宝：有道理。但是如果不宣讲，会不会有同事投诉管理不透明，没有给员工知情权呢？

小宝：……

团队建设

对于管理者来说，管理的最大痛点是如何让团队团结、有凝聚力。运用团建、一对一沟通、宣讲会、恳谈会、培训等各种手段都是为了实现公司上下一心，因为谁都明白"上下同欲者胜"的道理。但是在实际工作中，就算管理者用尽方法（物质刺激除外），团队还是会貌合神离、各怀心思，尤其是在经济下行，公司面对困难的时候。越是经营困难，越没有资源维系、团结队伍，队伍就会越发涣散，战斗力就越差，公司的经营会更困难。这样似乎进入了死循环。

归根到底，这是由团队与个人之间存在的一个基本矛盾决定的。每个人选择集体（平台）加入，是希望集体能给自己滋养，助自己成长，而不是找人来剥削自己、薅自己的羊毛；同样的，平台（团队）招募一个人，必然是希望这个人能给集体带来新的能力和贡献，而不是来享用集体大锅饭。这个矛盾的存在不可避免，但却可以通过管理手段解决、转化。

1. 集体利益必须大于个人利益，潜台词就是不考虑集体利益者出局。

2. 上下必须同欲，潜台词就是三观不合者出局。

3. 每个人都能通过集体的帮助实现个人的发展和进步，潜台词是个体不能成长、不会学习、不能进步者出局。

4. 管理者必须保证实现以上三条，潜台词是不能让个体成才的管理者只能出局。

管理者不是袖手旁观的"大老爷"，而必须是园丁。

组织部、人事部、人资部

小宝最近招的几个小伙伴入职了,小宝兴高采烈地领着新同事去办入职手续。由于小宝是第一次帮同事办入职,手续流程不是太明白,为了避免错漏,他找到做 HR 的同事小丽帮忙。有了小丽的帮忙,入职流程非常顺利就走了下来。在领了办公卡后,小宝让小伙伴们一起向人事部表示感谢,结果马上被小丽严肃地纠正:"我们是人资部,不是人事部。"小宝和小伙伴们就有点纳闷了,两者好像差不多吧。

小宝:老板,人事部的同事为什么这么计较名字?

大宝:什么名字?

小宝:他们一直都强调自己是人资部,不太乐意我们叫他们人事部,但大家不是一直都这样叫吗?

大宝:HR 的英文全称是啥?中文翻译是什么?

小宝:这我知道,human resource,人力资源。

大宝:对啊,要名正言顺,所以名字不能叫错啊。

小宝:……

国内不同公司对人员管理部门有不同名称,有的叫"人事行政部",有的叫"人力资源部",有的叫"组织部"。这些部门貌似都是管人的,为啥名称不同呢?不过外企好像对这类部门的命名出奇地一致,就一个:human resource,人力资源。

从命名来看,还是国内的企业对人的管理理解得更加全面,更加精准到位。

1. 组织部,通常是有共同信仰的组织使用的部门名称,如党政机关和军队,对人的服从性和纪律性要求高。用组织部这个部门名称的基本上是层级观念非常重的企业。

2. 人事部,将人和事等同,对人的管理着重在流程规定上,俗称"看本子办事"。用人事部管人的企业基本上是"铁打的营盘流水的兵",谁来都一样。

3. 人资部,将人资源化,对人的管理等同于对资产的管理,需要看投资回报率。用人资部管人的企业非常重视人员选拔、培养和留存,因为人的回报率决定了企业的回报率。

看管理人的部门的名字就能看出企业的用人观念。

即时激励还是长期主义

小宝工作几年了,有一些积蓄,加上身边有不少朋友在做保险,小宝开始思考要不要买一份保险。由于公司的福利待遇覆盖面很广,医疗方面的保障、意外保障和社保基本上都是按最高标准来缴纳的,所以小宝考虑要买的更多的是类似年金、退休金一类的理财保险。这些保险的特点是在缴纳一定金额后,到了一定年限,就可以每年或每月获取分红。

小宝:老板,你有没有买过养老年金?

大宝:我们都有买社保啊。

小宝:但是社保要退休后才能获得,如果想早点退休咋办?

大宝:努力搬砖,争取早日升职加薪,备好粮草。

小宝:但我们公司内部调薪太慢了。

大宝:你想跳槽?

小宝:……

通常企业在外部招聘时都会通过给出更高的薪资吸引优秀的人才加入。在开放的市场环境下,对于特别热门的赛道,企业间相互挖人的情况愈演愈烈。由于人才在短时间内的供应是有限的，所以其市场价格被炒高。市场用人高潮过去之后，人才供应跟上了，当时高薪招聘的人才就变成了企业的沉重负担，裁员就变得普遍了。当大家都看清楚这个发展规律后，自然不可能对企业有忠诚度，唯一会做的就是在岗位上将自己的效益最大化，出现"摸鱼"、贪腐、开小差、不做长期工作等流弊就无法避免。

如果我们改变思路，不是通过短期高薪分红刺激，而是根据员工对公司的贡献进行积分，通过类似年金理财的方式延后（甚至在退休或离职后）逐步发放，可能会解决员工的顾虑。将员工的利益与公司效益更为紧密地长期捆绑（类似华为的持股分红），员工自然更愿意为公司的长远发展进行努力。

当然，这盘账不易算，打工仔的梦想和资本家的目标还是不一样的。

"35 岁现象"能持续多久

小宝马上就 30 岁了,他在不知不觉中开始焦虑起来。现在社会"内卷"非常厉害,"35 岁现象"似乎出现在各行各业中,如果 35 岁还不能晋升到一定职位,估计就只能被公司裁员。小宝的团队中,有些同事已经进入或接近 35 岁的"生死线",明里暗里,大家都在谈论公司会如何对待高龄员工,尤其是在现在经济越发艰难的大环境下。

小宝:老板,我这个月 30 岁了。

大宝:恭喜恭喜,三十而立,终于成熟了。

小宝:是熟透了,我太老了。

大宝:这是什么话?你是在"凡尔赛"吗?

小宝:还有五年,公司可能就会考虑让我们这些"老人"毕业了。

大宝:35 岁怎么啦,是思维迟缓还是体力不支?如果是这样,我应该在十年前就被"干掉"了!

小宝:嗯,可能漏掉了。

大宝:……

"35 岁现象"的具体源头不可考,但很可能是从大厂传出来的。大厂存在"35岁现象"完全可以理解，毕竟这些企业都依靠数字化。编程、写代码、写算法……都是重体力和高智力的工作，没有身体做保障，基本很难出成绩。但需要高智力和好体力的岗位在整个社会分工中并不占多数，就算在大厂，也有超过50%的工作岗位是辅助、行政、管理类别的岗位。这些岗位对员工的智力、体力没有特殊的要求，反而需要员工心智成熟、情绪稳定、善于沟通、具备丰富行业经验，而具备这些条件的员工往往都已步入不惑。

大厂尚且如此，其他企业更是如此。

但为什么"35岁现象"如此普遍呢？其实是因为社会经济下行，致使结构性失业和摩擦性失业同时存在。因此，企业不得不花式裁员，用年轻、便宜的劳动力取代资深、昂贵的劳动力。

别被"35岁现象"吓到，其本质还是经济问题。随着经济探底回升，劳动力逐年减少，失业率下降，"35岁现象"自然会消失。

欧洲的一些国家以及日本就是这样。

找工作和投资股票

小宝平时进行股票投资，主要是投资蓝筹绩优股，通过分红和股价稳定上涨，他每年都有一定的收入。但近年来受各种因素影响，投资回报惨不忍睹，小宝对此毫无办法，唯有努力工作，希望"墙外损失墙内补"。可是受大环境影响，公司的业绩也明显下滑，收益预计会打很大折扣。小宝觉得好像无论自己如何努力，都没有回报，心里越发沉重。

小宝：老板，最近环境太差了，收入大幅缩水。怎么办？

大宝：公司没有降工资啊。

小宝：但是按照现在的业绩，年底分红够呛。

大宝：你不是有投资股票吗？昨天大涨啊。

小宝：可是全年算下来还是巨亏。

大宝：幸亏你选对了公司，起码工资没有缩水。

小宝：……

如果大家有投资经验，对于2022年的"蓝筹股灾"应该有非常深的体会，传统的蓝筹股如"四大行"、证券、保险、医药、房产等在2022年表现非常糟糕，股价基本上是腰斩，甚至市场价比净值还低。这让一向风格稳健的投资者和投资机构猝不及防，损失惨重。职场中，传统的大厂、大企业也纷纷大幅裁员，让很多曾经为了追求稳定的工作而辛辛苦苦挤进这些企业的精英瞬间不知所措。

社会的变化实在太快，唯一确定就是不确定，如果以"稳定"为目标，无论投资还是工作，必将失败。

顺势而为、主动改变才是真正的"稳定"。

极易懂的供应链管理日记

MT 优选海归是有道理的

小宝最近在参与公司的新一年校招项目，作为曾经的 MT（管理培训生），小宝有很多切身的体会和经验可以与项目组分享。其他的建议项目组都非常接受，但是有一点，项目组的异议非常大。小宝建议项目组重点招聘有海外留学经验的毕业生，但是项目组很多同事都不认同这一点。他们认为国内的"985"学校近几年来发展非常快速，已经不输海外名校，而且海外留学硕士很多都是学制一年，相对而言含金量不高。项目组觉得是因为小宝本身是海归，所以才有这个偏向。

小宝：老板，您觉得我作为管培生表现如何？

大宝：表现挺好啊。你学习能力挺强，又能和大家打成一片，大家都喜欢你。

小宝：嗯，谢谢老板。我觉得我的表现得益于我在海外的学习经历，所以建议公司继续招海归管培生。

大宝：哦，你觉得留学的经历与在国内上学有什么不同？

小宝：我觉得在国外留学面对的是陌生的环境，从生活到学习都是靠自己，特别锻炼人。

大宝：在国内跨省上学不是一样锻炼人吗？

小宝： 这种锻炼不一样……

公司在选择管培生时，候选人往往刚毕业，没有工作经历，所以对教育背景的考察是非常重要的。现在国内的名校毕业生学习能力很强，但是往往有以下几个特质。

1. 刷题能力特别强，对于有标准答案的考试非常自如。

2. 生活上基本不需要担心，家里有长辈照顾，学校有老师关心。

3. 国家的公共服务非常便利，想要的东西或者服务通过手机就能解决，基本上无求于人。

这些特质在管理体系非常完善、评估标准非常清晰、强调个人绩点的学校没有任何问题。

但进入到企业这个"小社会"后，合作变得非常重要，人际关系变得非常复杂，评判规则变得非常模糊，业绩考核变得非常具有挑战性。这些变化带来的高度不确定性将让具有以上特质的学生的职业发展之路举步维艰。

相对而言，有留学经历的学生，面对文化、习俗、宗教、语言等挑战仍能适应并顺利毕业的，在面对真正的工作时，适应的速度会更快，更受企业的欢迎。

当然，如果企业本身制度完善，以上的问题就不存在。

酒香不怕巷子深！没有海外留学经历，照样能找到工作。

不要错过"中层危机",因为这是你在职场脱颖而出的最好机会

小宝是一个工作狂,天天都有干不完的工作,下班时间通常比较晚。虽然经常加班,但面对工作,小宝还是充满了热情和干劲,并没感到累。不过作为部门主管,在处理上下级关系这块,小宝却觉得有点心力交瘁,力不从心。上级的任务指标要承接,下属的合理诉求要满足,当两者匹配时,一切安好,可惜在大部分时间里两者都是有冲突的。小宝觉得很辛苦。

小宝:老板,我觉得主管真难当。

大宝:说说看?

小宝:领导给的目标要求越来越高,团队的满意度评分的要求要越来越高,这双高是悖论,怎么办?

大宝:嗯,最难的任务都交给你们了,说明你们的能力得到了认可。

小宝:但我觉得要同时满足上级和下级的要求太难了,这谁受得了?我只想做好自己的工作,不想去处理这些关系了。

大宝:所以不是所有人都适合做主管的。

小宝：……

主管是组织中非常关键的一环，承上启下。上级要压担子，下属要被满足，两头压，活成了"上有老下有小"的"中年危机"企业版。要达成上级的指标，就必须团队全力支持，甚至超常发挥；要团队支持，就必须给团队资源和发展机会。而要有资源和发展机会，就必须向上级争取；要得到上级的资源，就必须承诺完成更高的指标……

至此，逻辑闭环了，危机也被完美地创造了出来：如果完不成更高指标，就没有资源；没有资源，团队满意度便不能提升；团队不能全力以赴，指标就更加完不成，主管就会被淘汰。

中层不易做，要成功化解危机，以下三者起码具备其一。

1. 人格魅力满分，有一帮有能力、不计回报、三观一致的队友鼎力相助。
2. 业务能力突出，能一个打十个，单干都能出成绩。
3. 成为领导的心腹，能被无限供应资源。

如果准备好了，就愉快地去面对吧。

极易懂的供应链管理日记

中高层管理岗需要专业吗

小宝最近从采购被调去物流。作为物流主管,小宝管理着一个在物流行业工作多年、经验丰富的老员工团队。由于小宝刚从采购转岗,对于物流业务不是很了解,在很多时候无法解决团队出现的问题。久而久之,团队里就开始有不满的声音,觉得小宝什么都不懂,凭什么领导自己。小宝也感受到了来自团队的压力,虽然自己已经非常努力地在学习,但一时半会真的很难全面了解一个全新的业务方向,更遑论精通。小宝觉得很苦恼,开始想转回采购岗了。

小宝:老板,我在物流待不下去了。

大宝:为啥?你被调过去才三个月。

小宝:我不懂物流的业务,很多时候团队成员问我问题,我不知道如何解决,更不知道如何指导。

大宝:那就学啊!

小宝:我拼命在学了,但是经验还是不足。

大宝:我是让你学管理,专业学习哪能一蹴而就,你想多了。

小宝:……

团队建设

在职场中，打工人尤其是职业经理人往往以专业自居，觉得从事采购的，就应该在采购深耕，成为资深的采购专家；从事物流的，就要一直在物流领域工作……这就是专业，专业第一！管理呢？好像除了CEO（首席执行官）以外，很少有人标榜自己是管理专家，专业就是管理。这种对管理的认知错位，导致我们经常被困在自己给自己建的牢笼中，很难走出"专业"的深井。

其实在绝大多数企业中，大多数中高层管理岗位对于专业的要求并不会太高，反而有两个通用能力才是最关键的。

1. 真正专业的工作都是有专人跟进的，但"专人"是谁，从哪儿来，是非常重要的问题。中高层的工作核心能力就是识人、育人、用人、留人。

2. 有能力理解公司的策略方向，并将其解码、翻译为对本职能的要求，洞察市场的趋势，对职能的发展方向给出清晰的指引。

只要方向正确、会用人，这个管理者基本上就能胜任任何管理工作，何必死守"专业"。

极易懂的供应链管理日记

高管更应该末位淘汰？

小宝最近在上企业管理课，有位教授的授课视频深深打动了小宝。课程中说，末位淘汰制不适合基层员工，更适合高管。因为基层员工代表了质量、成本，不能轻易淘汰，而高管换谁来区别不大，而且换一个高管顶好多个普通员工，所以末位淘汰制就应该在高层大力推行而不是在基层推行。小宝深受启发，准备好好教育一下大宝。

小宝：老板，我觉得末位淘汰制过时了。

大宝：为啥？

小宝：因为每年硬性规定淘汰率，太卷了。

大宝：优胜劣汰，不是很正常吗？

小宝：但是大家的水平其实差不多，强制淘汰并没有让公司业务水平提高，而且新来的同事需要时间熟悉业务，人工成本也会更高。

大宝：有什么建议？

小宝：管理好坏根源在高管，就应该让高管末位淘汰。

大宝：好办法！高管末位淘汰后，新高管能让员工稳定吗？

小宝：……

末位淘汰的确很残酷，因为"丛林法则"意味着大家时刻保持竞争。其目的在于激发团体的潜力和竞争力，而不是破坏组织结构。在这种指导方向之下，高管显然不太适合末位淘汰。

——高管换了，中层要不要跟着变？中层变了，基层要不要变？一顿操作下来，人心动荡。

——高管通常是分管公司某一方面职能的最高负责人，与其他高管如何对比？

——末位淘汰通常是以一年为单位，而高管通常负责战略性工作，强行末位淘汰，只会导致短视行为，这无异于饮鸩止渴。

当然，不用末位淘汰不代表高管可以高枕无忧，整个高管团队在 CEO（首席执行官）的带领下应该对整个公司的经营负责，必须接受董事会的直接问责和裁汰。如果公司业绩不好，需要更换的可能更应该是整个高管团队。

策略选择

> 埋头苦干不易,抬头看路更难。尤其是在国内外形势复杂多变、社会和行业充满了各种不确定性的今天,作为供应链核心管理层的小宝责无旁贷,必须带领团队做出选择。

供应链的窘境

小宝最近的销售数量预测都不太准确,基本上都比实际需求低,导致销售市场的同事十分不满。频繁的缺货让领导们也坐不住了,亲自找小宝询问。小宝觉得非常委屈,自己不是"神算子",没有办法保证每次对销售的预测都准确。虽然已经在紧急加单,但是生产本身有其必需的周期,短期内快不了。更加麻烦的是,万一销售增长放缓,后面到的大量库存就很容易砸在手上。这些库存万一最后卖不掉要报废,咋办?小宝陷入了困境。

小宝:老板,最近缺货有点严重,我们要不要加大采购订单?

大宝:我们对销售的预测是怎样的?

小宝:我觉得现在的销量快速增长有季节性的原因,后面的需求肯定会放缓,加大采购量可能导致积压。

大宝:销售市场怎么说?

小宝:销售市场信心满满,要求我们一定不能缺货。

大宝:那就赶紧加单。

小宝:但是现在加单也要十几天才能到货,我怕到时候会出现积压。

大宝：你不加单,销售、财务马上责备你延误"战机",错失业绩机会;你加单,起码现在没人怪你。

小宝：……

供应链决策中最困难的就是应对断货。应对断货有两种方法。

1. 受突发事件影响的临时断货,后续大概率会恢复正常,有两个应对方案:一是估计正常订单到货后,销售已经回归正常,这时选择忽略断货这个问题,按照正常节奏走;二是紧急加单,明知道加单可能会导致积压也要补,毕竟这是有目共睹地尽力补救。

2. 销售基本面发生变化,市场对该产品的需求增加,这时候肯定全力增加供应。

正常的情况下,绝大多数的断货情况是临时性的,而最优的应对策略就是选择维持正常节奏的供应。但是在实际运作中,基本上所有的供应链职能部门都会选择大幅增加供应、增加库存。

这就是供应链的窘境,这就是为什么库存高居不下的根本原因之一。

这种问题在无法准确预测的场景下无解。

极易懂的供应链管理日记

投资供应链就是投资"护城河"

小宝正在帮大宝准备一个生产改造项目的评审资料,项目投资要 500 多万元,项目的细节很多,小宝非常忙碌。在准备资料期间,小宝觉得最难的就是计算项目的投资回报率。这个生产改造项目从立项、评估、建设、试产到投产,估计最快起码要 9—10 个月。由于财务要求固定资产回报期要不超过 3 年,而要算投资回报率,很重要的一点是对收益预期的判断,所以对于小宝而言,最难的就是说服财务接受他们职能部门对项目收益预期的判断。

小宝: 老板,财务觉得我们项目的投资回报期超过 3 年,不同意立项,怎么办?

大宝: 这有什么难,改改就是啦。

小宝: 怎么改?

大宝: 改收益预期啊,让收益 3 年内就能覆盖投资啊。

小宝: 那怎么行?

小宝: 有什么不行的,反正都是假设,谁也不知道是否准确。

小宝: ……

策略选择

供应链的投资与营销等市场活动不同。由于供应链的设计、论证、采购、制造、安装、调试等一系列复杂程序需要经过对安全、质量、效率、验收、消防、建筑等方面的考量,才能成功落地,往往需要数月乃至数年的投资周期。由于当前的市场需求变化非常迅速,与过往相比,更容易出现项目落成时当初的假设条件已经完全不同的情况。但如果预测准确,供应链的能力就能马上变成非常重要的门槛、"护城河",对企业的市场竞争能力有决定性的影响。

所以,对于供应链的投资必须非常慎重,建议遵循以下几点原则。

1. 有完整的假设逻辑,并与业务市场就投资回报期达成统一目标(如销售预测)。

2. 除了核心的、必须100%自己掌控的供应链需求外,其他尽量借力市场已有的供应能力(如物流、系统等)。

3. 投资回报周期尽量短。最好一年回报,最长不建议超过五年(如投资堆叠机节约人力,避免投高速线)。

4. 投资要有前瞻性和灵活性,利于拓展或转型(如使用小型设备组合,模块式产线等)。

5. 能用国产设备,尽量用国产设备。

6. 供应链的投资必须有市场差异化(市场唯一、质量最优或效率最高)。

7. 有耐心,供应链的投资建设必须有耐心才能实现。

投资供应链不可能马上见效果,需要时间验证。正如"护城河"在没有敌人进犯时毫无作用,只有在面对进攻时,"护城河"才能显示巨大的威力。

企业物流数字化的重心在于对企业运营的解码

小宝一直在研究如何将公司的物流职能数字化。我国的物流数字化非常发达,特别是以京东、顺丰、菜鸟为代表的企业对数字化物流和供应链非常有经验。但是这些基本上都是对C端的成熟方案,那么作为甲方企业该如何实现物流管理的数字化呢?

小宝:老板,我研究了很多案例,我觉得我们企业物流业务的数字化有方向了。

大宝:太好了,说来听听。

小宝:我觉得我们先从配送开始,实现无纸化和在途可视化,然后上 WMS(仓库管理系统)、TMS(物流运输管理系统),这样我们的物流数字化就实现了。

大宝:这些投资不少,我们自己建设吗?

小宝:当然,我们要自己掌握好这些数据,否则我们怎么实现数字化。

大宝:比起电商物流,我们更专业吗?

小宝:……

策略选择

甲方企业的物流职能部门通常觉得只有自己对于物流的理解和专业能力比供应商强，才能选择、评估、指导供应商。得益于电商业务的高速发展，社会物流企业从基建到运作水平都已经远远超过甲方企业的物流职能，尤其是在数字化这种需要投入巨额研发资金的重资产运营领域。与其自建系统，倒不如借力于物流头部企业，直接使用其成熟可靠的数字化工具，享受其研发成果。

那甲方企业的物流数字化还有什么要做的呢？答案是物流资源规划。

因为对于每个企业，其个性化的产品、渠道、服务对于物流方面的诉求很难通过已经高度社会化、标准化的物流企业直接满足，需要企业的物流职能部门对其解码、规划、分析、测算后，再用标准的运作要求输出给物流企业。而这个解码的工作由于受制于内容的复杂性和波动性，往往很难通过人工直接导出。如当销售需求发生波动时，需要相应增加或减少多少库位、叉车、托盘、搬运、包材，对应的运输方式、成本、时效等需要如何配合，什么供应商才能适配以上变化等一系列问题，都需要物流职能部门进行深度规划。

这是一个痛点，也是一个机会。配合上数字化技术和算法，整个物流运作的效益就能极大提升。这是企业物流在物流社会化浪潮下最好的转型机会，也是帮助企业实现差异化核心竞争力的关键。

极易懂的供应链管理日记

降成本最有效的方法是提升大单品销售

小宝最近很烦躁，因为公司每年都对业绩利润有更高的要求，经过几年的"搜刮"，供应链的优化项目已经完成了不少，再提升的机会貌似已经不多了。眼看交作业的时间越来越紧，小宝急死了。没有办法，只好向一个个部门去摊派目标。问题是，供应链的部门是相互关联的。例如，如果要求物流降成本，物流就申请到货时间要放缓；但如果到货时间放缓，库存水平就上去了，计划又不肯了……

小宝：老板，今年的降成本目标可能完不成了。

大宝：为什么？

小宝：前几年将能做的项目都做完了，现在没什么项目的成本可降了。

大宝：没项目也要达成目标，直接"分猪肉"吧！

小宝：问题是我们供应链上下一体，相互影响，不知道怎么切才合理。

大宝：那就将降低成本的目标分给销售部！

小宝：……

策略选择

一直以来,企业内部分工都是销售市场负责 topline(营业收入),供应链负责 bottomline(净利润),大家各自负责各自的指标。貌似分工明确、责任清晰,但实际上销量和成本是强关联的。试想一下,如果两家企业同是一百亿的销售收入,一家通过 10 个 SKU(最小存货单位)带来,而另外一家通过 100 个 SKU 带来,那么其供应成本差别可能就有 4—5 倍。这个由规模带来的巨大差距是不可能通过精细化运营实现的,因为运营的变动成本只占总成本一半左右,就算能通过各种手段实现 50%(一般实现 10%—20% 就已经很出色)的效率提升,实际对总成本的影响只有 25%。因此,要降成本提高利润,大单品策略最有效。

极易懂的供应链管理日记

数字化是天使还是魔鬼

小宝最近被安排负责供应链的数字化转型工作,刚刚接手项目,小宝马上感觉到扑面而来的压力。压力来自几个方面:同事们觉得不理解,认为数字化束缚了他们的手脚,降低了工作效率;公司要求数字化必须要出绩效,考核投资回报率;作为新员工,小宝自己对业务不是太熟悉。几个回合下来,小宝已经有点意兴阑珊,情绪低落。

小宝:老板,我不想继续做数字化项目了。

大宝:为啥?你刚刚接手,不是干得挺好吗?

小宝:数字化太难了。

大宝:难在哪儿?

小宝:同事不理解;上系统,效益不高,财务不批;自己不太熟悉业务,压力山大。

大宝:如果这么容易,全社会的企业都搞数字化啦!

小宝:……

随着社会的发展进步,数字化能力已经成为很多企业发展甚至生存的核心能力。同时,我们也能看到大量的企业还远远没有实现数字化转型,或者尝试过但最终失败了。数字化变成了很多老板的战略口号，但真正要投资决策时却踟蹰不前。是什么原因导致如此一致的管理认知无法充分落地呢？无外乎以下几个原因。

1. 数字化等同于裁员。数字化对于效率的提升必然导致原岗位冗员，员工抵制。

2. 数字化等同于固投。数字化的投资基本上只有账面折旧，无法变现。

3. 数字化等同于"盲盒"。可能有惊喜，也可能是惊吓。

4. 数字化等同于"放大镜"。所有运营的好坏纤毫毕见，无所遁形。

5. 数字化等同于"内卷"。所有运营效果可以通过数字进行衡量，就会出现比较。

数字化就是这样一个让企业痛恨的"魔鬼"。但是，如果没有"魔鬼"时刻威胁我们，我们可能就会选择"躺平"。

极易懂的供应链管理日记

库存策略为什么这么难定

小宝正在准备年度的供应计划，其中最难的工作之一就是定库存策略。库存多了就可能产生报废，就算不报废，增加的仓储成本、占用的资金成本也会侵蚀公司的经营利润。但库存太少也是问题，缺货带来的销售损失也是公司不愿承受的，小宝左右为难。更加复杂的是，还要考虑原料、中间品、成品之间的关系，渠道出货的节奏，供应周期的节奏等，小宝越想越烦躁。

小宝：老板，我们今年的库存策略应该怎么定？

大宝：你说呢？

小宝：我觉得今年经济环境不好，我们应该降低库存水平，提升库存周转率，降低成本。

大宝：有道理。但最近通货膨胀好像很厉害，要不要囤点货？

小宝：好的，我赶紧下单提升库存水平。

大宝：那究竟是降库存还是升库存？

小宝：……

库存水平、周转率一直是公认的供应链核心绩效指标，尤其是在供应链能力评估排名中，低库存、高周转一直是供应链水平的最重要评价标准。所有企业都以零库存为追求目标。如果单纯从供应链的效率衡量，这个指标的确非常有价值，有借鉴意义。但当我们给库存引入渠道、金融属性时，有可能高库存才是公司正确的选择。

1. 采用直销渠道还是经销渠道，直接影响公司的库存策略。渠道库存也许会"压爆"，公司的库存自然是不需要这样的；但如果是公司直接面对消费者，库存必须以不缺货为目标准备，毕竟报废的成本与失去消费者的成本相差太大了（如高毛利产品）。

2. 当预期通货膨胀或资源枯竭时，提升库存就是保证供应、锁定价格，从而保障公司经营利润的最好策略（如现在的能源、塑料化工产品）。

3. 供应有能力局限，消费有强季节性，产品保质期长的，也需要高库存策略（如白酒）。

所以，库存策略不能简单粗暴地以低库存、高周转为原则而定目标，必须结合行业特点、经济环境还有供需特性综合考虑，才能制定出适合自己公司的最优策略。

不必迷信排名！

极易懂的供应链管理日记

两害相较取其轻才是管理者的最大善意

小宝在做产品品类的梳理，发现公司80%的销售来源于20%的产品，而剩余的80%产品销售很一般，积压、报废、货龄、质量等问题基本上都源于这些产品。而且由此引发了很多管理问题，预测、处理、沟通、协调、解释、促销等，消耗了很多职能部门的不少精力。小宝发现这个问题后即刻召集相关职能部门，希望尽快处理这些产品，提升公司的产品运营效率。但是沟通下来之后，小宝觉得问题不像表面看上去那么简单。

小宝：老板，我发现公司的产品销售分布基本上符合"二八原则"。

大宝：哦，绝大部分公司都一样。

小宝：我们为什么不淘汰末尾的20%呢？

大宝：对于全公司而言是20%，但是对于单一品类的经销商就是100%。

小宝：但是，这20%牵扯了我们80%的资源，长期下去我们公司哪有资源投入新的产品？

大宝：太对了，其实组织管理和产品管理也很类似。

策略选择

小宝：……

当公司决定一款产品退市时，只要这款产品还有销售，无论对于消费者、供应商还是经销商都是一个损失，尤其是供应商和经销商，这可能就是他们赖以生存的一个关键产品。但是对于公司而言，该产品可能只是众多产品之一。在这个时候，对于供应商、经销商而言，公司无疑是"恶人"；如果管理者为了照顾供应商、经销商的利益而勉强维持产品的继续销售，做"好人"，就很有可能使自己的公司组织受损，让其他更多供应商和经销商受累，这个"恶"就更大了。

当然，最好的选择就是将每个产品都打造成爆品，皆大欢喜，但世事哪能尽如人意？或许两害相较取其轻才是管理者能做的最大善举。

组织优化也是一样。

产品架构的选择：一体化和模块化

年底了，小宝要准备明年产品的开发计划，其中有一个非常重要的决策点是产品的开发架构，即产品是选择封闭式开发，还是开放式开发。不同的选择对于产品的开发周期、生产成本、交付时间都有非常大的影响。小宝和市场、营销、研发、供应等职能部门都进行了沟通，但是意见很难统一。

小宝：老板，明年的产品开发策略怎么定？

大宝：找有关职能部门协商，看看能否达成共识。

小宝：找了，但没有达成共识。

大宝：怎么说？

小宝：研发想要自己研发，市场需要交付速度快，营销希望产品功能强，供应希望成本低……

大宝：有没有"四全齐美"的解决方案？

小宝：……

产品开发中非常困难的一点就是产品架构的问题。产品架构决定了产品功能与零部件（原材料）之间的关系（接口）和零部件与零部件的关系（接口）。这些关系继而又决定了产品开发需要的研发时间、质量精度和交付速度。工业化时代前，绝大多数产品的架构都是采取一体化。由于产品设计独特，需要自己对外购买零配件，打磨加工后再封装成自家产品。这样的好处就是产品具有独特性、"护城河"宽，但是缺点是需要非常熟练的设计人员、工程师和工人，因为技术人员必须具有完整的、一体化的封装能力才能保证产品的质量和供应。而随着工业化、数学化时代的到来，为了满足更多、更快的产品开发需要，产品的架构逐渐转为模块化。其特点就是每个模块的功能、接口非常标准，各家企业可以在同一架构下开发不同功能组合的产品，成本更低，质量更稳定，供应更便捷。这些巨大的市场优势使模块化产品架构成为市场的主流。

当然，对于一些非常个性化产品（如劳斯莱斯）、服务（教育等需要互动），一体化架构还是有其生命力的。

不过，在数字化时代，万物皆化为数字，相信模块化架构产品最后还是会"一统天下"。

用买保险的思维来投资供应链

春节假期结束，小宝回公司上班了。其实在假日期间，小宝并没有闲下来，因为节前供应的缺口一直持续扩大，供应链部门在整个春节加班加点进行生产，终于完成了生产任务。当静下心来，小宝开始思考，这一波供应危机为什么会发生？如果再遇到这种问题，应该怎么办？

小宝：老板，我们这段时间实在太痛苦了。

大宝：大家辛苦了，我们都挺过来了。

小宝：但是，万一以后再出现类似的情况怎么办？

大宝：我们需要好好分析一下瓶颈，看看是否能做出突破。

小宝：瓶颈分布在产线、设备、人员、原材料等方面，如果要将这些问题都解决的话，估计要将生产成本的预算大幅提升。

大宝：你觉得增加这些生产成本和损失销售机会，哪个对公司来说更容易？

小宝：……

供应能力的建设一直是一个策略难题，因为销售市场总是短期波动的，而供应能力的建设大多需要长期投入，如厂房、设备、土地折旧一般需要 20 年，人员招募、培训需要半年到一年，供应商的开发、稳定供应至少也要一至两年，而市场的变化频率往往是以月、周甚至是日为单位。两者的时间差、节奏错位往往导致或是供大于求、能力闲置，或是供不应求，坐失销售良机。

如何解决？其实我们可以参考保险的逻辑，不要将供应链的投资简单理解为产品成本，而是转用保险思维，保证在一定概率上，我们能满足极端的销售需求：通过计算机会成本来确定投资规模，让供应链始终保持一定的余量。这样当机会到来时就能更好把握机会、占领市场。

假设我们为了满足有可能增长的 5 倍销售量，需要投资 5000 万元，按 20 年算，每年增加折旧 250 万元，20 年内有 5 次出现瞬间的 5 倍销售量，如果每次带来的额外销售利润能大于 1000 万元，那么这个 5000 万元的投资就值得了。每年的 250 万元就是保险费（不要用净现值抬杠，也不要套用绝对垄断市场）。

问题是，我们管理层愿意买供应的保险吗？

极易懂的供应链管理日记

柔性供应链的核心在于通用性

小宝在产销协同会上又被"群殴"了。由于某个关键原材料的供应短缺,热销产品出现了断货,为此销售市场的同事一直在会上追问小宝这种原材料的到货时间。小宝也无可奈何,因为该原料是独家供应,没有替代,需要从海外进口,但目前海外工厂出现罢工,根本无法判断恢复时间。

小宝:老板,产品缺货,怎么办?
大宝:赶紧催单,补回来啊。
小宝:但是关键物料在海外停产了,不知道什么时候能恢复。
大宝:没有替代物料吗?
小宝:这是全球独家供应的物料,短期无法代替。
大宝:唉,我们如果早点上"柔性供应链"就好了。
小宝:……

柔性供应链在不确定性日益增加的今天,正在成为企业应对外部环境或内部构造变化时稳定自身系统机能的必要选择。通俗讲,柔性供应链就是指订单急增,交付周期不延长;减少生产量,单位成本不增加。要做到柔性供应链,主要从以下几方面考虑。

1. 原材料的柔性：共用物料比例、专属物料的比例、商品化的组合。

2. 设备的柔性：产线的共用性和模具的共用性。

3. 流程的柔性：组装工序的通用性和搬运系统的通用性。

4. 工人的柔性：多能工和多岗位工。

所以，柔性供应的核心就是通用性，人、机、料、法都是如此。

柔性供应链有好处，但也有缺点——必须要有一定的"冗余"，就是要储备一定的能力和资源。所以柔性必须整体管理，以达到企业的整体最优，但过分追求柔性，会使制造成本大幅提升，得不偿失。

短期用户第一，长期产品第一

小宝参加了公司组织的创新培训，学到了产品创新的原则：用户第一，产品第二，渠道第三。小宝觉得很有道理，跃跃欲试，报名了公司的内部创新项目。该项目是以为公司打造爆品为目的，招募了研发、营销、业务、供应链等方面的一些有想法、有能力的同事，希望能打破现有的流程实现突破。但经过项目组一个多月的讨论研究，进展甚微。小宝有点灰心丧气了。

小宝：老板，我们项目组明明很努力，也按照培训学的原则对产品进行了筛选、甄别，但就是达不成共识，怎么办？

大宝：分歧在哪？

小宝："用户第一"大家都同意，但对于谁是我们要选的用户，大家就有了不同的观点。

大宝：渠道呢？大家对渠道的选择也有不同意见？

小宝：大家对渠道的选择倒是没有什么不同意见，这是公司的定位，但对于渠道能触达的人群，大家的理解就很不一样了。

大宝：嗯，所以对于该进入什么品类、研发什么产品，大家估计就更没有共识了。

小宝：……

企业组织里最大的一个问题就是如何破解研发（产品）、营销（品牌、用户）、销售（渠道）的"三国杀"。品牌锁定的用户是否能够通过销售渠道有效触达，研发的产品能否符合品牌的调性，销售渠道能否支持研发的产品的教育需求……

一个爆品必然诞生于用户、产品、渠道的"交集"中，因为只有实现这三者的统一，才能将有限的资源效益最大化，才能在市场竞争中取得优势。

但问题是如何才能让三者统一发力呢？

1. 产品研发需要时间，有滞后性。
2. 用户需求有波动性。
3. 渠道的触达也有不确定性。

三者刚好完美统一的可能性太低了，所以爆品的出现有一定的偶然性。

另外的选择就是努力尝试做好产品，以体验、功效为核心，配合有效的产品教育，打造跨越周期的真爆款（参考可乐、茅台、益力多等），可能这才是建设百年企业的关键。

"长尾产品"怎么选

小宝最近加班越来越频繁，公司不断上新品、促销、直播，迫使供应计划不断更新调整，整个供应链随着销售市场的节奏进行摆动，而且是被放大的摆动。其实所有的供应链同事都非常忙碌，但令人沮丧的是，尽管大家如此努力，但似乎对业绩的提升没有什么帮助。小宝总觉得有什么地方不对劲，所以自己捣鼓了一下数据。通过对产品数据分析，小宝竟然发现 20% 的产品竟然贡献了 80% 的销售收入和利润，而 80% 的产品只能贡献 20% 的销售收入和利润。小宝郁闷了。

小宝：老板，我觉得工作很失败。

大宝：为啥？

小宝：我们这么努力，每天加班，拼死拼活，但 80% 的产品都卖得不好，仿佛我们在做无用功。

大宝：怎么会没有呢？这些产品不是还有 20% 的销售贡献吗？

小宝：明明我们只要付 20% 的努力就能达到 80% 的结果，为啥还要为剩余 20% 的结果付出 80% 的努力呢？不划算啊！

策略选择

大宝：你确定只付 20% 的努力就能收获 80% 的成果吗？

小宝：……

产品结构一直是各个企业非常头痛的问题，特别是对于"长尾产品"的取舍非常困难。"二八法则"在产品中一样适用，我们干净利落地将"长尾"直接砍掉，集中精力在头部产品不是更好吗？道理很显浅，但是为什么执行起来这么困难？

1. 长尾未必就没有机会，有可能下一个爆品就蕴含其中，但是时机未到，"一刀切"可能会错杀。

2. 长尾虽然长，但还是有一定贡献，不舍得。

3. 切长尾腾出来的资源投入头部产品未必能有好产出，因为边际效益递减。

4. 长尾产品也是公司的投资，如果放弃，将导致投资"打水漂"。

5. 长尾产品是重要的引流和辅助销售工具，没有长尾就没有头部产品的销售。

以上五点是保留长尾产品的理由，都有其道理。但长尾产品的去留，归根到底还是公司基于经营理念的选择。

如果公司追求产品卓越，必然放弃长尾，全力打造爆品；但如果公司是平台型、杂货铺型，那么长尾产品也是一个重要的补充。

无所谓好坏，只是选择不同而已。

极易懂的供应链管理日记

产品成本策略是由场景决定的，不是由定价倒逼的

　　小宝代表供应链对新品进行成本测算，由于渠道、营销费用相对固定，所以产品的成本就成为新品定价的重要影响因素。新品的成本主要由原材料、生产制造、物流成本组成，这些成本都能在公司的 ERP 系统中得到维护。按道理，只要提取相关信息就非常容易核算总成本，但是小宝做了好几遍的数据，都因产品经理认为成本过高而被退回。小宝非常纳闷，数据都是从公司的数据库调出的，也经过了财务审核，和其他正常在售的产品是一致的，为什么市场部门会觉得贵呢？

小宝：老板，我们的新品定价不知道为什么总是被市场部门退回？

大宝：找了新供应商？有新报价吗？

小宝：不是啊，都是现有的价格体系和供应商。

大宝：是不是 BOM（物料清单）上的用料不一样啊？

小宝：我参考的是同一类型产品的参数，没有特别。

大宝：新品是引流型还是利润型。

小宝：引流型。

大宝：怪不得，售价低了，成本当然要低啦。

小宝：……

传统的产品定价通常都是销售市场根据品牌调性、渠道成本、公司利润目标、竞品定价等综合决定的，当定价决定后，再倒逼产品的生产成本。这样的好处是既保证了市场需求，又满足了公司利润。但问题是，产品的成本一般都是比较刚性的，在保证质量、安全、合规的条件下，不可能有太大的弹性，所以，这种单向目标型的成本倒逼方式很有可能会导致两种情况：根本做不到，或者造成很多余量（产品卖价奇高或品牌溢价很高的情况下）。

要解决这个问题，最好的办法是将成本场景化。

引流型：销售场景通常量大，周转快，对产品的货龄、外包装不太注重，可以安排大批量生产从而降低采购和生产成本。销售端安排整箱销售，降低物流分拣、运输、存储、包装、配送成本，实现成本最优。

利润型：销售场景通常表现为销量相对小一点，周转相对慢一点，但要求服务水平高，产品的品相、包装更好。可以通过安排小批量、多批次生产来保证产品的货龄，同时加强对物流各环节的保护，保证及时配送，但是这样总体成本会上升。

不同的销售场景应该配合不同的产品成本策略，这样才能实现对公司整体业绩利润的最大化。

极易懂的供应链管理日记

低成本供应链策略可以续命，但不能回血

小宝在协助制定供应链目标。和往常一样，成本一直是公司对供应链最重要的考核指标。但是随着历年来的不断降本，加上通货膨胀的持续攀升，小宝觉得越来越难降本了。如果供应链不降成本，销售部门也可能不涨销售量，那么公司的利润谁负责？财务坚决要求小宝将降本目标定出来。小宝实在没有办法，只好找大宝商量。

小宝：老板，今年的降本目标怎么定？

大宝：比去年低一点吧。

小宝：不可能。每年通胀都很厉害，原材料、能源、人工都在涨，我们没有空间了。

大宝：谁说没有？降库存、提升工人工作负荷、将通胀反向输出给供应商……

小宝：好吧。但是这样一来，我们供应链将一点余量和弹性都没有了，万一……

大宝：嗯，让我们祈祷没有万一吧。

小宝：……

策略选择

企业一般将供应链定位为以成本为中心，考核指标当然就是成本。所以挖空心思节约、降本，仿佛就是供应链的天生职责。于是各种极限降本挑战在各个供应链上演，如让更少的工人干更多的活，让更多的供应商赚更少的钱，让更少的设备生产更多的产品，让更少的库存满足更多的市场需求……

其实供应链成本中大部分是土地、厂房、设备等无法调整的沉没成本，还有一部分是能源、原材料、运输、税费等成本，这些价格随行就市，也无法控制。供应链成本中的最大变量是人工、库存，这是可以通过管理来优化的。但这部分成本占比不高，最多能实现20%—30%的提升，这也只能影响供应链总成本的3%—5%，对公司销售额产生的影响不到0.5%。当然理论上，供应商可以不赚钱，工人可以8小时满负荷工作，库存为零，浪费为零，这时候，根据第一性原理，最没有余量（弹性）的供应链终于成了企业家们梦寐以求的成本最低的供应链，这是能在激烈市场竞争下生存下去的硬核条件！

可是这样的供应链很脆弱，因为维持这种供应链运营的条件极为苛刻，当市场发生剧烈变化时，供应链会马上断裂。

想象一下，经过辛苦经营，市场需求终于遇上风口突然暴涨，可是低库存、工人设备不足、供应商利润不足马上就会导致供应出现中断。企业苦等多年的翻身机会可能稍纵即逝，多年苦练才完成的供应链最终成为公司发展的最大障碍！

问题是，身处寒冬、看不见曙光的企业还敢继续投资供应链，等待春暖花开吗？

极易懂的供应链管理日记

供应商选择的悖论：做"薅羊毛党"还是百年老店

公司正在进行一年一度的招投标项目。由于今年采购部推行数字化采购，上线了电子竞标系统，所以负责数字化工作的小宝毫无悬念地被安排负责今年的招投标工作。通过精心准备和耐心培训，小宝将几家与公司合作时间最长、配合度最高的战略供应商和两家新引进的供应商放在第一批竞标名单内。经过几轮激烈的竞争，招投标结果终于出来了，但却出乎小宝的意料。

小宝：老板，电子竞标的结果出来了。

大宝：哦，顺利吗？

小宝：挺顺利的。大家上手很快，但是结果却与我们之前的预估有不同。

大宝：啥情况？

小宝：想不到和我们合作了几十年的供应商在竞标价格上输给了刚刚引进的供应商，而且差了将近10%。

大宝：噢，差距好大，老供应商应该非常了解我们的产品，为什么会报高呢？

小宝：老供应商报的价格与往年差不多，是新的供应商报的价特别低。

大宝：可以理解，新供应商想入局。那你敢不敢用？

小宝：……

供应商的选择和培养其实是一个非常矛盾的问题，矛盾主要表现在两个方面。

1. 一次性合作和长期合作的矛盾。企业都想拥有亲密、可靠的，可以长期合作的稳定供应商队伍，质量、技术、供应、交付有更好的保障。但是在现实中，为了防止一家独大，要定期进行招投标，还要引进新供应商参与竞争，以期供应商队伍能优胜劣汰。

2. 短期利益和长期利益的矛盾。当企业遇到困难时，企业通常希望供应商能牺牲短期利益以提供支持，共渡难关。可是当环境变好，企业经营缓过来后，之前给供应商开的长期利益的空头支票却由于种种原因（如审计、规范等）很难兑现。

两大矛盾的核心其实是企业的文化和价值观取向。一家想延续百年甚至千年的企业，必然用心选择、经营和维护其供应商队伍，必然像爱护自己的经销商队伍一样爱护自己的供应商队伍。

百年老店离不开百年的"老伙计"。

成本和服务水平怎么选

小宝在做月度绩效汇报,这个月的库存水平控制得不错,创今年新低。在产销协同会议上,供应链和财务负责人对小宝的工作赞誉有加,觉得降低库存可以让公司的现金流更健康、运营成本更低,并鼓励小宝再接再厉,继续降低库存,提升周转率。但是营销和业务部门的老大却很不高兴,因为这个月的顾客投诉量明显上升,主要是缺货造成的。这样损失了销售机会,打击了他们的销售士气,严重影响了销售业绩。他们要求小宝必须立刻将库存提上来,杜绝缺货。小宝觉得两边的老大都很有道理,瞬间蒙了。

小宝:老板,库存该降还是给该升?

大宝:It depends. 视情况而定。

小宝:老板,能说我能听得懂的话吗?

大宝:的确是在不同场景有不同的做法啊!

小宝:我也知道啊,但究竟该听谁的?

大宝:听老板的。

小宝:……

许多人都觉得库存问题是供应链甚至是计划的问题,其实库存是一个公司级别的策略，而不仅仅是一个职能甚至是一个部门的职责。为什么这样说呢？因为库存的决策至少涉及以下几大判断。

1. 损失销售机会与产品报废的关系（大于，高库存）。
2. 顾客忠诚度与服务水平的关系（大于，低库存）。
3. 渠道库存与消费者库存的关系（大于，低库存）。
4. MOQ（最小订购量）与产品成本的关系（大于，低库存）。
5. 销售实际与销售预测的关系（大于，高库存）。
6. 产品的替代性和互补性的关系（大于，低库存）。
7. 应收账款与应付账款的关系（大于，高库存）。

……

可见，库存问题不仅仅影响供应和生产，还是公司的品牌、财务、客户服务、渠道、市场竞争等策略的集中体现和抓手。如何选择，考验的只能是 CEO（首席执行官）。

极易懂的供应链管理日记

数字化的下半场已经开始了

每年的年底公司都要进行预算评审，其中有一个预算在近几年非常重要，是各个职能部门的必争之地，这就是数字化的预算。小宝作为供应链的代表，这几年一直在负责年度的数字化需求编制。在过去几年，供应链的预算与市场、营销相比，不在同一个数量级，无论小宝如何努力，似乎公司都不怎么重视，但是今年的情况好像有了改变。

小宝：老板，今年我们的数字化预算好像比去年宽松了。

大宝：好事啊，你知道是什么原因吗？

小宝：我也不知道。按道理今年环境不好，数字化的总预算也在缩减，不知道为什么我们的预算反而增加了。

大宝：数字化是投资，投资考虑的是性价比和ROI（投资回报率）。

小宝：那更应该投市场和营销啊，投这些和收入直接挂钩的地方，供应链反而没办法直接反映业绩收入。这到底是为什么呢？

大宝：因为数字化的上半场结束了，下半场开始了。

小宝：……

策略选择

数字化的核心作用是提升社会运营的效率，通过效率的提升，重塑各行业的利益分配体系。

数字化首先反映在交易环节，这是最容易产生价值的环节。交易从线下转为线上，大量原来线下渠道的资源被转移、分散、吸收、重组，电商、物流、短视频平台等享受到了这波利益重新分配的红利。当然，最受影响的就是线下渠道。

随着交易环节数字化改造的逐步完成，交易效率提升带来的红利逐步消失，获客成本的提升导致线上对比线下的优势不再明显，线上企业的增长必然放缓。伴随着各大厂裁员减薪，各大佬退隐江湖，数字化的上半场结束。

数字化第二个重要的赛道就是制造业，这是比商业更庞大的体系，但行业内企业标准化、自动化等方面的差异导致数字化进程缓慢而回报低。从对"迅犀"的探索，到希音公司在海外爆红，证明了数字化制造、智能化制造已经不仅仅影响企业的成本和利润，更成为企业赢取市场最核心的竞争力。能否通过数字技术和智能算法加持的生产制造给用户带来极致的性价比和体验感，必将成为数字化下半场的竞争方向。

数字化的下半场已经开始了，你上场了吗？

信息化、数字化、智能化

为了顺应公司数字化变革的需要,大宝给小宝布置了任务:学习企业如何实现数字化转型。小宝接到任务,吭哧吭哧地上网找资料,发奋学习。但随着学习的深入,小宝感觉越来越迷茫,终于忍不住去找大宝解惑。

小宝:老板,网上的资料中对于企业数字化转型的叫法非常多,有信息化、电子化、数字化、大数据化、智能化等,这些究竟是不是在讲同一件事呢?

大宝:是,也不是。

小宝:这么复杂?

大宝:嗯,这些都属于同一个系统,方向一致,但是描述的阶段不同。

小宝:能举个例子吗?

大宝:就以你下班回家吃饭为例。你下班后想回家吃饭,可能通过电话、短信或者微信给妈妈发信息"我今晚回家吃饭,想吃鸡翅",妈妈就能及时准备鸡翅,做好等你回来。这就是"信息化",通过现代化工具及时传递信息。你下班后通过手机召唤网约车回家，同时妈妈也通过 APP 下单买菜，这是"数字化"。假设网约车的实时定位能和妈妈使用的买菜 APP、家里 IOT（物联网）的烹饪装置联通，根据你到家的时间检查家里的存货，计算需求，并选择合适的店铺及时将鸡翅送到家里，让妈妈在你进家门的那一刻完成烹饪，这就是利用"大数据"实现的"智能化"。

小宝：哦，明白了，原来下班回家吃饭都能吃出"智能化"！

实际上，企业的数字化转型要经历信息化（电子化），线下表格文件电子化，以方便传递、保存、检索信息。

数字化。业务、设备尽可能数字化表达存储，这是非常关键一步，考验的是对业务逻辑的深刻理解和表达，各种管理系统（如 XMS、ERP）上线。

智能化。建立算数、学习模型，输入数字，按业务逻辑寻找整体最优解，各种"云"、中台、控制塔、IOT 上线。

真正实现智能化企业，才能真正解放人的体力束缚，极大释放智慧、创新的潜力。那时候可能又是一次使人类生产力有极大飞跃的革命。

期待早日看到成果！

路径依赖是实现数字化制造的最大障碍

小宝正在研究数字化供应链，发现最近"数字孪生"和"元宇宙"的概念很火，便赶紧恶补一下。对于连 5G 如何在数字化供应链应用都不太清楚的小宝，要研究"数字孪生"和"元宇宙"实在是吃力。小宝自己非常纳闷，其实这些新技术的出现和宣传已经有好几年了，连股票都涨跌了几轮，但为什么在实际工作中好像没怎么见到过？最多就是手机的信号实现了 5G。

小宝：老板，我们什么时候能实现数字化供应链啊。

大宝：一步步来，急不得。

小宝：但是现在数字技术进步很快，我们再不追赶就会被行业抛离啦！

大宝：哦，有多快？

小宝：前几年谈 5G，现在谈"虚拟工厂""元宇宙"，我们现在连 5G 技术都还没用上。

大宝：如果我们投资，你觉得什么时候能回本？

小宝：……

策略选择

近几年一直非常热门的数字化供应链主要应用在交付端，因为支付端相对容易形成标准化产品，而且这些产品能及时通过移动终端实现顾客的体验和商家营销效率的提升，ROI（投资回报率）非常高。但是后端的生产制造的数字化推进速度相对缓慢，原因非常复杂，主要包括各产线、产品的非同质化，重资产的折旧，质量法规的刚性要求等，但最关键的还是生产制造管理中存在路径依赖。

对于生产制造，稳定、高效、有质量的产品输出是关键，而要实现稳定、高效、有质量的输出，必须保证人员、设备和原材料的稳定、高效、有质量。人员需要长时间的培训实践，设备需要长时间的磨合调试，原材料需要慎重仔细的检验和检测等。凡此种种，都是靠流程和工艺路线保证的，一旦形成了标准，就不轻易变动。但数字化带来的恰恰就是速度的改变，无论是流程还是供应，数字化通过日益先进的技术实现快速仿真迭代。

生产制造管理讲究的是实、稳，数字化管理讲究的是虚、快。

因此，生产制造必须摆脱对旧有路径的依赖，脱实向虚，才能加快实现数字化供应链在生产端的闭环。

极易懂的供应链管理日记

绿色供应链也可以很赚钱

前段时间阴雨绵绵，这两天终于放晴了。小宝满心欢喜，想去户外充分享受一下大自然的风光。可是一看到桌上的电脑，小宝瞬间没了兴致。上周大宝给小宝布置了研究绿色供应链的任务，明天就要交报告了，但小宝手头的资料还不够，怎么办呢？小宝灵机一动，心想：就算到处找资料，也未必能搞得定善变的大宝，不如通过新学的促导技巧促导一下大宝，或许能更快、更好地完成作业。于是，小宝找到了大宝。

小宝：老板，您觉得供应链为什么要绿色？

大宝：你说呢？

小宝：因为地球的资源有限，供应链使用资源很多，如果不管理好，对地球伤害极大。

大宝：太棒了！

小宝：老板，您认为怎样才算绿色供应链呢？

大宝：好问题，你说呢？

小宝：嗯，应该是节能、低碳、效率高的才算绿色供应链！

大宝：太棒了！

小宝：老板，您好像没有回答我问题啊。

大宝：哈哈，我在促导你啊！

小宝：……

随着社会的进步，人们的生活水平越来越高，这必然导致人均能耗增加。如果不尽快实现全球碳中和，全球气候变暖将导致严重的灾害。绿色供应链是实现碳中和的关键。许多企业人认为绿色环保就是搞社会公益，投入高、低回报，其实如果我们能做好管理，从以下几个方面努力，绿色供应链不但有利于环境、有利于社会，而且可以为企业节约增效，提升利润。

以一般供应链为例。

节约能源：油改电、蒸汽，使用光伏、能源管理系统，错峰用电，防止跑冒滴漏等。这些措施可以节约3%—4%的能源成本。

循环包装：使用托盘、周转箱、可循环材料。使用循环包装每年可省5%—15%的包装成本。

物流优化：网络优化缩短运输距离，使用氢能、电能运输，使用海铁联运等。优化物流可每年节约10%—15%的物流成本。

电子化交易：电子订单、电子合约、无纸化办公。实现电子化交易能节约大量的纸张和费用。

参与碳交易：目前中国碳交易仅限电力、钢铁等高强耗电企业，往后必将推广到其他行业。

……

绿色供应链其实可以很赚钱！

极易懂的供应链管理日记

数据到底值多少钱

大宝最近要出差,让小宝帮忙订酒店。小宝心想大宝这么抠门,还是帮他订一家便宜点的酒店吧,否则肯定被骂。小宝上网给大宝定了一家 400 元一晚的酒店,大宝收到订房成功的短信后不太放心,又上网查询,结果发现同一网站上同一家酒店的同一房型竟然只要 380 元。大宝很不高兴,叫来小宝一顿教训。

大宝:你有没有用心订房?为什么你订的比我看的要贵?

小宝:冤枉啊,当时我已经比较过多家,这家是最便宜的。

大宝:我不管,现在一样的网站,一样的条件,但价格就是比你订的更便宜。

小宝:会不会是时间差的问题呢?

大宝:你已经试过好几次了。幸亏我检查一遍,否则就亏了。

小宝:……

实际上,小宝真的是被冤枉了。在互联网时代,"杀熟"成为必然。很有可能因为小宝经常订房,而大宝比较少用自己的账号操作,所以小宝的需求更容易被平台捕捉,精准定价,结果就是小宝每次都以平台最高的价格完成交易。在经济学上，这属于完全价格歧视，所有的消费者剩余（福利）都被平台收走。

要实现完全价格歧视非常困难，必须要知道消费者每次消费的边际效应或预期成本，一般来说根本不可能。但平台通过消费者不断在平台上的消费行为和浏览记录获取数据，再引入机器学习和分析大数据，这件事就变得可行了。

为什么数据值钱，因为使用它可以迫使顾客在每次消费时总是付出能承受的最高成本。这个成本往往比市场的成交价高20%—30%，这就是数据带来的直接收入。另外，因为数据能让商家实现精准营销，让直接触达用户的成本大幅下降80%—90%。所以，数据是一项非常重要的资产，每一家公司都必须将其牢牢掌控在自己的手中。

极易懂的供应链管理日记

明明外包更便宜，为什么还要自产呢

小宝正在准备一个新产品的生产规划，由于现在市场环境不太好，小宝公司的产能还有富余，所以同事建议小宝将生产安排在自己公司的工厂。但是根据公司的采购政策，就算是生产，也要经过招投标流程才能最终确定产地。不过小宝没有把这事放在心上，他觉得既然产线有富余，自己的工厂生产肯定更便宜。但是出乎小宝的意料，投标结果出来后，经过财务的核算，OEM（原始设备制造商，俗称"代工"）的报价竟然比自产还要便宜，小宝觉得挺不可思议。

小宝：老板，投标结果出来了，非常奇怪，OEM 的报价竟然比我们自己生产的成本还低。

大宝：正常啊，OEM 是专业做代工的，有规模效应，报价比我们自己生产的低不奇怪啊。

小宝：但是我们工厂报的是纯成本，而 OEM 报的不但有直接成本，还含利润和税收。

大宝：成本核算里包括了直接人工、直接材料还有管理、折旧、摊销等，我们人工、折旧、摊销、管理等方面的成本可能比 OEM 高很多。

小宝：哦，我明白了。按照成本优先原则，我们就把新产品交给 OEM 生产，对吧？

大宝：错了，还是应该我们自己生产。

小宝：……

在评估自产还是为外加工的时候，我们往往容易犯一个错误：纯粹看财务成本来决定产地。假设生产一个产品，OEM 的报价是 100 元，而自产的总成本是 110 元，正常来说大家都会判断应该外包。但事实上，自产的总成本里有 20 元是现有厂房设备的折旧，5 元是管理费用的分摊，无论这个产品是否生产，这 25 元的成本都会产生（沉没成本），扣去这 25 元，实际上自产的直接成本只有 85 元，或者 OEM 导致的总成本是 125 元。这时候是不是应该自产呢？

所以财务意义上的成本是有其相对性的，在实际业务中必须结合实际，仔细分析，才能做出最正确的决定。

极易懂的供应链管理日记

产能严重过剩的供应链供不上货

市场对产品的需求急速上升，导致大面积断货，小宝变得非常焦虑。销售、市场部门的催单和投诉像雪花般飞过来，小宝实在应接不暇。供应商、工厂的供应速度实在赶不上客户的抢货速度，小宝毫无办法。

小宝：老板，我们全面断货了，怎么办？

大宝：生意这么好？我们没有预测到吗？

小宝：月均销售量比平时增加了5倍。

大宝：还好，我们不是有库存吗？还不够？

小宝：最高峰时，一天卖了平时销售量的50倍。

大宝：赶紧追工厂、追供应商啊。

小宝：追了，不是原材料断了，就是生产线上人手不足……

大宝：产能严重过剩的供应链竟然断货，你说该怎么解释？

小宝：……

我国是世界工厂，拥有世界上最全、规模最大的供应链，对于制造业而言，除了少数产业，各种消费品的供应在全球都是无敌的存在。这让我们对于产能的认知只有强大到过剩,从没有短缺的担忧。我们的供应链从各个环节看能力都是顶级的,产能充沛,但是当上下游各个环节串起来协同生产时,效率低下、决策缓慢、预测偏差等问题就被放大。供应链是链式反应,链上任何一个环节出问题都会使链条中断。例如生产汽水,需要瓶盖、瓶坯、焦糖、添加剂、CO_2、标签、纸盒等,这些都需要供应商按节奏供应到工厂,甚至如果收缩膜没能准时送到生产线,汽水的生产都会被迫停止。供应链上的每个环节都要进行需求预测和库存准备,每个物料的供应都涉及与不同供应商的协同和博弈。任何微小的差错都必将导致供应的中断,运作十分复杂。

可以想象,汽水这样相对简单的生产都需要非常复杂的供应链决策和反应系统,何况其他更复杂的产品生产呢。

硬件资产我们已经拥有,我们缺的是数字资产,打通端到端信息通道的数字资产。

极易懂的供应链管理日记

EHS 是现代企业的必需品

小宝最近去了车间倒班实习，每天都要开班前会、班后会。印象最深的就是每次班会必有 EHS（环境、健康、安全部门）的同事来给大家讲解、评估当班期间遇到的安全、环保问题，或是分享案例。小宝非常好奇，尤其是对 EHS 这个名称有浓厚的兴趣，为什么会有 EHS 这个职能部门呢？明明环境（E）、健康（H）、安全（S）各有侧重，为什么要统一在一个职能部门里？带着这几个问题，小宝找到大宝。

小宝：老板，为什么 E、H、S 要连在一起？三个字母好像代表不同领域。

大宝：你觉得 EHS 最核心、最值得被关注的重点是什么？

小宝：当然是安全，这是最重要的。

大宝：在工厂中，你觉得对人最大的威胁是什么？

小宝：疲劳过度、设备安全等。

大宝：H 和 S 都在一起了，还有 E 呢？

小宝：环境？好像和工作没有直接关系吧。

大宝：这一部分是指让人免受环境污染的威胁，也和人的健康有关系。

小宝：……

策略选择

国家和政府一直非常重视健康（H）和安全（S），因为这是直接关系到生命安全的，保证了这两方面的安全，才能让工人安心上班，努力工作，工厂才能无后顾之忧，扩产增资。但这两点只是最基本的要求，随着社会生活水平的提升和工人教育素质的提高，对环境的要求变成了大多数人民群众和企业员工的价值主张，环保变得和职业安全与工业安全同样重要。

EHS工作的成熟度直接决定了企业员工的幸福感和获得感，企业的声誉和影响，产品的价值和质量。可以想象，一个关注社区环保、员工健康、生产安全的企业必然是一个受社会欢迎、员工热爱、消费者认同的企业！

EHS应该是现代企业的标配职能部门，也应该是企业的社会责任。

极易懂的供应链管理日记

"奥卡姆剃刀"

小宝在忙着做报表，报表内容虽然非常复杂，但是在强大的 BI 系统（一种数据分析系统）的帮助下，以前没有想到或能想到但做不到的分析角度和颗粒度，现在都能非常高效、方便地呈现在表格中。理论上小宝的工作应该会变得轻松一些，可是小宝觉得不但没有轻松，反而压力更大了。由于 BI 系统功能强大，数据的排列组合非常多，报告出来容易，但是要对每个组合进行分析的话，难度非常大，而且组合与组合间的关系会相互影响，分析起来尤其让人痛苦。

小宝：老板，这个月的报告做好了。

大宝：这么快，BI 系统还是厉害！有什么发现？

小宝：有 7 个数据异常，涉及营销埋点、市场促销、生产异常、配送服务、物料质量……

大宝：等等，说清楚。

小宝：上个月业绩不达标。

大宝：地球人都知道。问题是为什么啊！

小宝：有 7 个数据异常，涉及营销埋点、市场促销、生产异常、配送服务、物料质量……

策略选择

大宝：……

随着数字技术的进步，从企业经营到渠道活动再到消费者行为，越来越多的数据通过先进的技术被捕获、清洗、分析、应用。面对浩瀚的数据及其分析，因为太多数据、太多分析，数据和分析结果往往又相互缠绕在一起，高管难以做出决策。

例如，销售不理想，可能是渠道问题、品牌问题、服务问题或者供应链问题。这些问题在以前非常容易就能通过简单的调研和数据分析判断并决策。但现在有了数字化工具，可能分析出来消费者投诉的供应链问题是渠道压货引起的，而渠道的问题是促销造成的，促销的问题可能是品牌策略造成的，品牌策略问题是消费者行为改变造成的。

分析闭环产生后，高管们已经不知道从何入手。

多就是少，少就是多。管理太复杂，可能会失去焦点和时机。正如"奥卡姆剃刀"原理所讲，必要时还是要动动刀子，化繁为简，聚焦核心工作，不求最好，只求合适。

极易懂的供应链管理日记

数字化采购的核心是改变认知

小宝正在如火如荼地推进数字化采购，但进展却不理想。小宝分析了一下，觉得主要有以下几点原因。第一，采购员普遍觉得数字化太麻烦。以前写几个字、打个电话或者发个微信就可以解决的问题，现在必须要输入系统，走流程。第二，供应商也不乐意。以前有什么问题只需要一个采购员就能搞定，现在由于数字化，公司内部按流程管理，一个合同、订单可能需要好几个同事对接，这些人可能之前根本没接触过这个项目，有问题不知该找谁。第三，负责技术、质量的同事也不高兴。数字化采购要求标的的描述必须标准化，变相使相关同事增加了很多工作量。小宝觉得压力重重，不知如何突破。

小宝：老板，数字化采购好像不受欢迎。

大宝：为啥？

小宝：同事们觉得烦琐，供应商也觉得不方便。

大宝：为什么觉得烦琐、不方便？数字化的初衷本来是为了提升效率啊。

小宝：但是他们以前一个电话就能搞定问题，现在必须要通过系统，效率根本提不上来。

大宝：如果处理采购项目的同事离开公司呢？采购员和供应商给谁打电话？

小宝：……

采购数字化的难度在于如何将品类分工通过数字化转为流程管理。一直以来，采购都是按品类、金额分工，好处是专业和"一站到底"，但坏处就是严重依赖个人能力，很多经验、教训、人脉关系无法传承。所以每个采购员基本上都是"黑匣子"。采购员的个人能力限制了品类采购的天花板，公司对采购的管理和评估难度相当大。以前，要破"黑匣子"基本上没有太好的办法。现在，数字化的发展为此提供了一个千载难逢的机会。

1. 供应链的数字化给采购的数字化提供了基础（ERP、MRP、APO、MES 等管理系统）。

2. 传统 B 端供应商在 C 端数字化的引领下也被迫数字化，而且进度越来越快（B 端、C 端的融合必然催生效率更高的数字化供应体系）。

3. 产品开发的数字化为质量技术标准数字化提供了可能（数字化选品、数字化建模等）。

4. 沟通工具极为方便，不受地域、时间的限制（企业微信、ZOOM 等）。

5. 法律法规的完善（电子合同、电子交易的合法性）。

当以上条件成熟了，采购的数字化硬件就准备好了，接下来要改的就只有大家的认知了。

现代工厂：必须从体力劳动场所进化到智力劳动空间

最近普通工人越来越难招，能找到的不是工资高，就是年纪大。特别是一些重体力劳动的工作，如搬运、洗瓶等，肯干的人更少，有的甚至连工资都不问，直接拒绝。面对堆积如山的订单，小宝心急如焚，不知道该怎么办，他赶紧去找大宝。

小宝：老板，我们实在招不到合适的工人，怎么办？

大宝：为什么？

小宝：现在能找到的工人年纪都偏大，年轻一点的宁愿去送快递都不在工厂做工。

大宝：年纪大也可以。

小宝：我们要上三班赶订单，怕年纪大的工人体力跟不上，更怕出工伤。

大宝：那怎么办？

小宝：让办公室的员工顶上！

大宝：……

随着社会发展，大家对生活品质的要求越来越高，大家印

策略选择

象中脏乱差甚至危险的工作环境严重降低了工厂工作对工人及技工的吸引力。尤其是在上学选专业和毕业找工作时，进工厂、做工人、开机器好像是低人一等的选择。

这是社会认知的真实反映。目前大部分工厂还停留在"血汗工厂"的水平，靠压榨工人的体力劳动赚钱。

不过，这种状况应该很快就会改变。由于国内需求的升级和低水平劳动力供应减少，大部分靠低水平劳动力维持的企业必将倒闭，而靠技术、设备、工艺、质量发展的企业将主导整个市场。工厂必须进化为"高大上"的工作空间才能在未来生存和发展。

未来的智能工人绝对是香饽饽。

极易懂的供应链管理日记

QCDF 是企业的深层竞争力

小宝在帮大宝进行新一期的管理培训生招募工作，作为一名优秀的"985"毕业生，小宝在母校校招推广会上卖力地为公司宣传，尤其是作为供应链的代表，小宝更是鼓励会场的师弟、师妹报考供应链的管理培训生。小宝在会场上激情洋溢，看到台下的同学们频频"点赞"。小宝自我感觉很不错，觉得这次的招募行动应该会很成功。果不其然，校招宣讲会过后，公司收到的网申简历非常多，但是令小宝出乎意料的是，70%左右的简历都是申请销售岗、营销岗，申请供应链岗位的只有15%左右，而且其中一半都是申请采购岗。

小宝：老板，供应链究竟是不是很重要？

大宝：当然很重要，连很多国家首脑都在强调供应链的重要性和安全性。

小宝：但是为什么招募管培生时，大部分人都选销售市场的岗位呢？

大宝：你觉得一个公司最重要的能力是什么？

小宝：满足顾客需要和让顾客买单的能力。

大宝：对呀，所以我们的 CEO（首席执行官）一直都是来自业务市场岗位的啊！

小宝：……

企业最重要的工作就是满足顾客的需要，而且是能比竞争对手更好地满足顾客的需要。要做到比对手更好，企业必须同时具有表层竞争力和深层竞争力。表层竞争力主要指 4P：产品、渠道、价格、促销。这是从顾客角度能接触、能感知到的企业竞争力。这个竞争力的构建和维护主要是销售市场的职能。还存在顾客无法直接观察到，但非常重要的深层竞争力指标：QCDF。

Q：质量，包括设计质量和制造质量。

C：成本，核心是材料成本和人工效率。

D：交付，交货时间决定了库存周转和服务水平。

F：灵活性，面对外部变化、产品变化的效率和能力。

QCDF 是供应链的核心能力，但这些能力由于很难受到顾客的直接观察，不能对顾客的购买行为产生像 4P 一样的直接影响，所以往往被市场忽视。但作为企业的深层竞争力，QCDF 是 4P 的底气和"护城河"。供应链有竞争力，4P 才有竞争力，企业才能拥有市场竞争优势。

后　记

去年运气不太好，在北方踢球时弄伤了左脚掌，由于不良于行，又恰逢疫情期间，只能在家办公。居家办公的好处就是免去了很多差旅、应酬，同时也不需要通勤，所以有大量时间空闲下来。我这个人总是闲不下来，既然腾出来这么多时间，就想安排一下。居家养伤自然不宜乱动，写点东西就成为我消磨时间的首选活动。写什么好呢？开始我并没有头绪，直到有一天开完线上管理会议，有同事通过微信问我一些问题，我通过认真的思考，给了同事几点回复。同事在后来的工作中有了非常明显的提升。这件事情让我非常有成就感，同时也萌发了在微信朋友圈发表自己观点的想法。我希望能由此帮助别人，同时也可以通过微信朋友圈的评论功能与朋友们进行互动。

想法有了，就需要选题。作为一名在供应链领域工作超过20年的从业者，我主要的经验和知识积累就是在这个领域，所以还是决定从自己熟悉的领域选择题目。供应链的发展有非常长的历史，国内外关于供应链的理论、实操、管理等方面的图书、刊物、论文、报告不计其数。如果让我对供应链理论再有深入的思考和研究，我自觉学术水平远远不及。但是由于工作的关系，我每天都要解决不同的供应链管理问题，对于很多

后记

书上的理论、方法、工具，也有条件和资源进行检验和落地，所以对于广大年轻的供应链从业者或者想了解供应链的朋友，我可能更懂他们的问题。因此，我选择了相对轻松的对话形式，每天像写日记一样在微信朋友圈对真实发生的供应链问题进行剖析，并表达自己的观点。

很多朋友也问过我，书中的"大宝""小宝"究竟是谁。其实我并没有特别的指向，面对我的团队时，我是"大宝"，同事是"小宝"；面对我的老板时，我就是"小宝"，我的老板就是"大宝"。我觉得"大宝"和"小宝"的设定非常能代表职场人，因为其实每个职场人都既是"大宝"也是"小宝"。如果大家都能从上下级的不同角度看待同一个问题，可能日常的沟通就会更加顺利和高效。

我要感谢我的"小宝"们，我的历任助理泺楹、小雪、乌兰和其他同事们，他们给我非常大的创作灵感；还有我的"大宝"们，李董和俞总，以及微信朋友圈的朋友们，正因为有他们的支持和鼓励，我才敢尝试将每天的"小作文"结集成书。特别是得到孙总的大力支持，这本书才最终得以出版。

谨以此书献给我的妻子，感谢妻子嘉贤在我受伤期间对我的悉心照料，让我暂时忘掉伤痛专心"日更"。同时，也将此书献给我最爱的儿女俊逸、俊彤，希望他们能明白终身学习不是一种负担、一种压力，而是一种乐趣、一种习惯。

刘耀军于广州桥中
2023 年 8 月 10 日